우리 아이 마음 지도,
TCI로 읽다

우리 아이 마음 지도

TCI로 읽다

이안백 지음 | 한춘근 감수

Medimark

| 추천사 |

아이를 알고, 나를 알면 모두가 행복해진다

"우리 아이는 왜 이럴까요?"
"다른 집 아이들은 다 괜찮아 보이는데, 우리 아이는 왜 이렇게 힘든지 모르겠어요."
"누구랑 성격 좀 반반 섞어서 태어났으면 좋았을 텐데…."
"사랑은 넘치는데, 도무지 말이 안 통해요."
아이를 키우는 부모들과 상담하다 보면, 이런 말들을 참 자주 듣습니다. 처음에는 웃음이 나올 정도로 공감하다가도, 금세 그 안에 담긴 무게를 느끼게 됩니다. 내 아이니까 더 잘해주고 싶고, 더 잘 키우고 싶고, 무엇보다 더 많이 알고 싶은 마음. 바로 그 마음이 부모의 본능이며, 사랑의 가장 진실한 모습이기도 합니다. 하지만 양육이 사랑만으로 해결되지는 않는다는 것 또한 현실입니다.
'아이를 사랑하지만, 화가 난다.'
'좋은 부모가 되고 싶은데, 내 감정이 자꾸 앞선다.'
'아이를 혼내고 나서 후회가 밀려온다.'
이런 마음을 가졌다고 실패한 부모는 아닙니다. 오히려 '내가 잘하고 있는지' 고민한다는 것 자체가 이미 훌륭한 부모라는 증거입니다. 모든 부모는 나름의 방식으로 최선을 다하고 있습니다. 더 나은 환경을 제공하고, 더 좋은 경험을 쌓게 해주며, 좋은 말과 대화로 아이를 키워가고 있습니다.

그렇다면 여기서 한 걸음 더 나아가 볼까요?

'내 아이는 어떤 기질을 가졌을까?'

'나의 반응과 아이의 반응이 왜 이렇게 다를까?'

'이런 상황에서 내 아이는 어떤 감정일까?'

조금만 더 아이의 '마음 지도'를 이해하고, 아이의 기질을 파악하는 시간을 가진다면 부모의 반응은 이전과 달라질 수 있습니다. 바로 이 책이 그 여정을 함께할 수 있도록 돕고자 만들어졌습니다.

『우리 아이 마음 지도, TCI로 읽다』는 단순한 검사 해설서가 아닙니다. 아이의 기질과 성격 특성을 바탕으로, 부모가 아이를 어떻게 이해하고 반응하면 좋을지, 또 부모 자신은 어떤 감정과 태도를 가졌는지를 되돌아보게 하는 책입니다. 기질 심리학의 대표 도구인 TCI(Temperament and Character Inventory) 검사를 기반으로, 수많은 실제 사례와 부모의 고민을 통합하여 구성되었습니다.

이 책을 읽다 보면 어느 순간, 독자는 자기 아이를 자연스럽게 떠올리게 됩니다.

"아, 우리 아이는 이렇지."
"그때 그 반응은 이런 기질에서 나온 거였구나."
"내가 너무 섣불리 판단했구나."
이처럼 아이를 객관적이고 과학적으로 이해하게 되면, 부모의 감정도 안정되고 양육의 방향이 명확해집니다. 나아가 아이의 행동에 숨은 이유를 이해하고, 그에 맞는 대화를 시도하게 됩니다. 결국 이 책은 단순한 기질 파악이 아닌, 부모와 아이 사이의 긍정적 교류를 이어주는 소중한 안내서가 될 것입니다.

아이를 알고, 나를 알면 모두가 행복해집니다.
『우리 아이 마음 지도, TCI로 읽다』와 함께, 아이와의 시간이 더 따뜻하고 의미 있게 변화되기를 바랍니다. 그리고 이 책이 수많은 부모님과 아이들의 마음 사이를 잇는 다리가 되기를 진심으로 소망합니다.

목동아동발달센터 원장 한춘근

| 추천사 |

"아이의 기질을 아는 것은,
그 아이만의 사용 설명서를 읽는 일이다"

아이를 이해한다는 것은 단지 '행동'을 해석하는 일이 아닙니다. 그 행동 뒤에 숨어 있는 기질, 성격, 감정, 인지의 흐름, 그리고 세상을 바라보는 고유한 방식까지 들여다보는 깊은 여정입니다.
『우리 아이 마음 지도, TCI로 읽다』는 바로 그 여정을 안내하는 이정표 같은 책입니다.
우리는 종종 자녀를 키우며 "왜 말을 안 들을까?", "왜 이렇게 산만하지?", "왜 유난히 걱정이 많을까?" 같은 질문을 던집니다. 이 책은 그런 질문들에 대해 표면적인 해결책이나 교정 중심의 접근이 아닌, 아이의 '기질'이라는 근본적 구조로부터 답을 찾자고 제안합니다.
TCI(기질 및 성격검사)는 아이의 성향을 단순한 유형으로 나누는 도구가 아닙니다. 이 책은 TCI의 7가지 기질·성격 요인을 토대로, 아이가 세상을 어떻게 인식하고, 어떤 방식으로 반응하는지를 구체적인 사례와 함께 해석해 줍니다. 특히 자극추구(NS), 위험회피(HA), 인내력(P), 자기주도성(SD) 등 각각의 특성이 양육에서 어떻게 드러나고, 부모가 어떤 태도로 접근해야 하는지를 매우 실제적이고 섬세하게 안내합니다.
교육학을 전공한 제가 본 이 책의 가장 큰 장점은 다음과 같습니다.

첫째, 심리학적 이론과 교육 실천 사이의 간극을 잘 메웠다는 점입니다.

단순한 검사 해석을 넘어, 각 기질 유형별로 아이의 학습 태도, 사회성, 감정 표현의 특징까지 구체적으로 안내하며, 교사나 부모가 어떻게 '개별화된 대응'을 할 수 있는지를 제시합니다.

둘째, 실천 도구와 활동 자료가 풍부하다는 점입니다.

이 책은 이론서이자 양육실천 워크북입니다. 부모가 직접 체크할 수 있는 양육 질문지, 감정 일기, 사례별 대화법 등은 '행동하는 양육' 솔루션으로 전환해 줍니다.

셋째, '정답'이 아닌 '관점'을 제시한다는 점입니다.

이 책은 "이렇게 하세요"라고 강요하지 않습니다. 대신 "이 아이는 이런 기질을 가지고 있고, 당신은 어떻게 반응하고 있나요?"라고 질문합니다. 그 질문은 부모 스스로 자기 반성과 성장을 유도하는 교육적 성찰의 기회가 됩니다.

이 책은 단지 자녀 교육서가 아닙니다. 이 책은 부모가 아이를 더 깊이 이해하도록 도와주는 '기질 기반 교육철학서'이며, '개별화 교육의 실천서'입니다.

우리 교육은 이제 획일화된 훈육이 아니라, 기질과 발달에 따른 맞춤형 접근을 요구받고 있습니다. 이 책은 그 변화의 중심에서 가장 중요한 메시지를 전달합니다.
"아이를 바꾸려 하지 말고, 그 아이를 이해하라."
모든 부모, 교사, 상담자, 교육 전문가에게 이 책을 적극 추천합니다. '나름'을 존중하는 교육, 기질을 기반으로 한 따뜻한 관계 회복, 그리고 무엇보다 아이를 있는 그대로 사랑하는 방법을 배우고 싶은 모든 분에게 이 책은 더없이 훌륭한 길잡이가 되어줄 것입니다.

이경철 박사(한국산학기술학회 회장)

| 프롤로그 |

아이의 성격을 이해한다는 것, TCI가 알려주는 성장의 지도
아이를 키우는 일은, 때때로 눈앞의 현실을 해독하는 일이다.
"우리 아이는 왜 이렇게 산만할까?"
"도무지 감정을 드러내지 않아서 걱정이에요."
"말도 빠르고 눈치도 빠른데… 혹시 너무 불안한 건 아닐까요?"
이처럼 아이의 말투 하나, 행동 하나에 담긴 메시지를 읽고 싶어서 부모는 수없이 고민한다. 그러나 정작 그 '아이의 기질'에 대해서는 뚜렷하게 설명해 주는 말이 없다.
우리가 자주 쓰는 말들, "얘는 타고나길 이런 아이야", 혹은 "성격이 좀 유별나"라는 표현 속에는 '기질(생득적인 특성)'과 '성격(환경에 의해 형성된 성향)'이 뒤섞여 있다. 이 둘을 명확하게 구분하고 이해하려는 시도가 바로 TCI 검사의 출발점이다.

타고난 기질, 길러지는 성격
미국의 정신과 의사인 로버트 클로닝거 박사는, 수십 년간의 임상 경험과 신경과학적 연구를 바탕으로 인간의 정체성을 '기질(Temperament)'과 '성격(Character)'으로 구분했다. 기질은 유전적으로 타고난, 쉽게 변하지 않는 생물학적 경향성이다. 예를 들어, 새로운 자극을 추구하는 성향, 낯선 상황에 대한 불안 반응은 기질의 영역에 속한다. 반면에 성격은 삶의 경험과 환경, 학습을 통해 점차 형성되는 심리적 구조다. 자기 통제력, 타인에 대한 공감 능력, 의미에 대한 탐색은 바로 이 성격의 구성 요소다. 이렇게 기질과 성격을 분리해서 이해하고 측정하는 검사가 바로 TCI다.

아이의 '특징'이 아니라, 아이의 '길'을 묻다

많은 부모가 이런 질문을 한다.
"우리 아이는 도대체 어떤 아인가요?"
"지금, 이 모습이 정상인가요?"
"앞으로 어떻게 키워야 하나요?"
"나중에 무슨 일을 하면 좋을까요?"
이런 질문에 TCI(Temperament and Character Inventory)는 매우 정직하게, 그러나 따뜻하게 대답해 준다. 아이의 현재를 비추는 거울이자, 미래를 비추는 등불처럼 말이다.
만약 아이가 '자극추구' 기질이 높고 충동적인 경향이 있다면, 부모는 '통제'보다 '탐색할 기회와 규칙의 이유를 설명하는 양육'이 필요하다. 만약 아이가 '위험회피' 성향이 높아 걱정이 많고 낯선 상황에 위축된다면, 성격 중 '자율성'을 키워주는 훈련이 중요하다. 만약 아이가 '보상의존(성)'이 높아 눈치를 많이 보고 주변의 시선에 민감하다면, '자기초월'이라는 성격 특성이 향후 회복력과 자존감의 원천이 될 수 있다.

기질·성격 검사가 말해주는 아이의 성장 지도

TCI는 단지 현재의 모습을 설명하는 검사가 아니다. 아이의 성향이 시간이 흐르며 어떻게 발달할 수 있는지, 그리고 어떤 삶의 방식이 아이에게 가장 건강할 수 있는지를 함께 알려준다. 부모는 이 검사를 통해 아이를 판단하거나 틀을 씌우기보다, 이해하고 기다리는 힘을 갖게 된다. 그리고 아이 역시, 자신의 '다름'이 문제가 아니라 특징이며, 가능성의 씨앗임을 알게 된다.

이 책을 통해 여러분과 나누고 싶은 것
이 책은 단지 검사 해석서가 아니다. TCI를 통해 아이의 기질을 이해하고, 그에 맞는 양육 방식을 고민하고, 더 나아가 아이의 미래까지 함께 설계하는 여정이다.
① 아이의 기질별 양육 팁
② 문제 행동의 성격적 배경
③ 기질과 성격 조합에 따른 진로 적합성
④ 부모가 함께 성장하기 위한 질문들까지

이 책의 페이지마다 담겨 있는 것은 한 아이를 있는 그대로 바라보고, 그 가능성을 응원하는 부모의 시선이다. 아이의 마음을 더 깊이 이해하고 싶다면, 그 마음의 기질과 성격을 함께 들여다보는 것이 필요하다. TCI는 그 여정을 위한 훌륭한 첫걸음이 되어줄 것이다.
이 책이 아이를 올바로 이해하고, 부모로서 한 걸음 더 성장하는 데 도움이 되기를 바란다.

TCI와 관련하여 자주 묻는 질문(FAQ)

TCI 성격 이론을 처음 접하는 분들을 위한 친절한 해설

Q1. TCI는 MBTI랑 뭐가 다른가요?

A. MBTI가 선호하는 '행동 스타일'을 중심으로 본다면, TCI는 '기질'(타고난 뇌의 반응 방식)과 '성격'(삶을 통해 길러지는 마음의 힘)을 구분해서 이해하는 이론입니다. 예를 들어, MBTI가 "나는 외향적일까?"를 본다면, TCI는 "내 뇌는 어떤 자극에 민감하고, 나는 그걸 어떻게 조절하는가?"를 봅니다. TCI는 아이 양육, 상담, 뇌과학 연구에 더 폭넓게 활용됩니다.

Q2. TCI는 아이 성격을 미리 결정짓는 검사인가요?

A. 아니요! TCI는 아이의 기질과 성격을 고정된 틀로 판단하는 도구가 아닙니다. 오히려 아이가 어떤 상황에서 더 편안하고, 어떤 환경에서 어려움을 겪는지를 이해하고 돕기 위한 지도(Map)입니다. TCI의 핵심은 '아이를 고치기'가 아니라 '아이를 이해하고 조율하기'입니다.

Q3. 기질은 바뀌지 않나요? 성장하면서 성격도 바뀌나요?

A. 기질은 비교적 안정적이며 타고난 특성입니다. 쉽게 바뀌지는 않지만, 환경에 따라 표현 방식은 달라질 수 있어요. 성격은 삶을 통해 길러지는 부분이기 때문에 충분히 변화하고 성장합니다. 즉, 아이의

기질을 이해하고 적절한 양육을 하면, 성격 발달에 긍정적인 영향을 줄 수 있습니다.

Q4. TCI를 아이의 문제 행동을 '진단'하는 데 쓸 수 있나요?

A. TCI는 진단 도구가 아닙니다. 아이가 산만하다고 해서 '자극 추구 점수가 높다'라고 단정하거나, 불안하다고 해서 '문제 있다'라고 해석하면 안 됩니다. TCI는 문제를 판단하기보다는 아이의 특성과 양육의 조화를 찾는 데 사용하는 도구입니다.

Q5. 부모가 TCI를 알면 양육에 어떤 점이 좋아지나요?

A. 부모가 TCI를 이해하면 다음과 같은 점이 달라집니다.

① 아이가 왜 그런 반응을 보이는지 납득할 수 있어요.
(예: "쟤는 왜 이렇게 고집 세지?" → "자기 주도성이 높은 아이구나")

② 부모와 아이의 성향 차이를 인정하게 됩니다.
("난 조용한데, 쟤 왜 이렇게 활동적이지?" → "기질이 다르구나")

③ 아이에게 맞는 양육 방식이 보입니다.
(예: 불안이 많은 아이에겐 예고와 안정감이 필요함)

Q6. 아이의 TCI 결과를 보고 부모가 상처받을 수도 있나요?

A. 아이의 특성이 부정적으로 보일 수 있는 면도 있지만, 그건 해석의 문제입니다. 예를 들어, '자극 추구가 높다'라는 건 '산만하다'가 아니라 창의력, 호기심, 에너지의 표현일 수 있습니다. 모든 특성은 양날의 칼처럼 '장점'과 '단점'을 함께 지니고 있기에, 이해와 수용이 먼저입니다.

Q7. 부모도 TCI 검사를 받아야 하나요?

A. 꼭 검사를 하지 않아도, 부모가 자신의 양육 스타일을 되돌아보고 아이와의 차이를 생각해 보는 것만으로도 큰 도움이 됩니다. 부모와 아이의 TCI 조합을 함께 보면, 양육에서 왜 갈등이 생기는지, 어떻게 소통하면 좋은지에 대한 실마리를 얻을 수 있습니다.

Q8. TCI는 몇 살부터(스스로) 활용할 수 있나요?

A. 일반적으로 초등학교 저학년(7~8세)부터 아이 자신의 성향에 관한 질문에 답할 수 있게 됩니다. 유아기 아이는 부모 관찰을 통한 행동 기반 기질 파악이 더 중요하며, 초등 이후에는 점차 자기 인식도 병행할 수 있습니다.

Q9. TCI는 교육, 진로, 상담 외에 어떤 데에 쓰이나요?

A. 다음과 같은 분야에서 다양하게 활용됩니다.
① 정신건강 상담과 치료(우울, 불안 등 감정 이해)
② 부부관계나 가족 상담
③ 리더십, 조직관리, 기업 교육
④ 종교적/영적 성향 탐색
⑤ 청소년 진로 교육과 코칭 등

Q10. TCI로 우리 아이의 '진로'까지 예측할 수 있나요?

A. TCI는 진로를 '예측'하는 도구는 아닙니다. 하지만 아이에게 잘 맞는 환경이나 성취 조건을 이해하는 데 큰 도움을 줍니다. 예를 들면, 반복이 많은 업무에 강한 아이, 창의적 혼돈 속에서 빛나는 아이, 사람 사이 관계에서 성취감을 느끼는 아이 등.
"무슨 직업이 어울릴까?"보다, "어떤 환경에서 가장 잘 자랄 수 있을까?"를 함께 고민하는 데 유용합니다.
마지막으로, "내 아이를 가장 잘 아는 사람은 부모입니다. 그리고 아이를 깊이 이해하려는 마음만 있다면, TCI는 부모의 직관을 더욱 명확히 해주는 든든한 나침반이 될 수 있습니다."

CONTENTS

추천사. 목동아동발달센터 원장 한춘근 • 4
　　　　　한국산학기술학회 회장 이경철 • 7

프롤로그
아이의 성격을 이해한다는 것, TCI가 알려주는 성장의 지도 • 10

TCI와 관련하여 자주 묻는 질문(FAQ) • 15

**1부. TCI를 시작하며,
　　　내 아이를 있는 그대로 이해하는 방법**

1장. 왜 우리는 아이의 기질을 알아야 할까? • 25
2장. TCI란 무엇인가?
　　　기질 – 성격 이론의 과학적 기초 • 29
3장. 검사보다 중요한 건 '해석하는 시선' • 40

**2부. TCI로 아이를 읽다,
　　　기질과 성격의 7가지 렌즈**

1장. 자극추구(NS, Novelty Seeking) • 49
2장. 위험회피(HA, Harm Avoidance) • 59
3장. 사회적 민감성(RD, Reward Dependence) • 69
4장. 인내력(P, Persistence) • 79
5장. 자기 주도성/자율성(SD, Self-Directedness) • 90
6장. 협동성(C, Cooperativeness) • 101
7장. 자기초월(ST, Self-Transcendence) • 111

3부. 유형별 양육 솔루션, TCI 조합으로 살펴보는 성장과 고민들

1장. 우리 아이는 어떤 조합인가? – 대표 유형 8가지 • 123
2장. 기질과 성격에 따라 다른 문제 행동의 이해 • 128
3장. '정상인가요?'라는 질문에 대한 새로운 시선 • 131

4부. 아이의 진로와 미래를 열어주는 성격 이해

1장. 기질 – 성격 조합별 진로 탐색 예시 • 137
2장. 부모의 기질도 중요하다, 양육과의 상호작용 • 142
3장. TCI 프로파일(결과지) 해석 순서 • 145

5부. 기질 유형별 특성 기술

27개 기질 유형 리스트 • 157

6부. 성격 유형별 특성 기술

27개 성격 유형 리스트 • 193

에필로그
나를 닮은 아이 vs. 나와 다른 아이, 부모의 눈으로 아이의 마음을 읽는 법 • 203

부록
TCI 7가지 척도 요약표 • 232

TCI를 시작하며
내 아이를 있는 그대로 이해하는 방법

1부

어떤 아이는 돌 무렵부터 낯선 사람을 보면
고개를 푹 숙인다.
어떤 아이는 유모차에 앉은 채로
낯선 사람에게 환하게 웃음을 짓는다.
같은 부모에게서 태어나 같은 환경에서 자랐는데도
말이다. 이런 차이는 바로 '기질'이라는 타고난
특성에서 비롯된다.

1장
왜 우리는 아이의 기질을 알아야 할까?

성격은 '타고나는가' 아니면 '길러지는가'?

부모라면 누구나 아이의 성격에 대해 고민한다.

"왜 우리 아이는 유독 소심할까?"

"어떻게 하면 좀 더 끈기 있게 자라날 수 있을까?"

아이를 키우다 보면 아이의 행동이 환경의 영향인지, 타고난 특성인지 헷갈릴 때가 많다. 예를 들어, 어떤 아이는 돌 무렵부터 낯선 사람을 보면 고개를 푹 숙인다. 반면 어떤 아이는 유모차에 앉은 채로도 낯선 사람에게 환하게 웃음을 짓는다. 같은 부모에게서 태어나 같은 환경에서 자랐는데도 말이다.

이런 차이는 바로 '기질'이라는 타고난 특성에서 비롯된다. 심리학과 뇌과학에서는 성격을 다음과 같은 두 가지 구성 요소로 설명한다.

① **기질(Temperament):** 유전적이고 생물학적인 바탕 위에 형성된 타고난 반응 성향으로 비교적 안정적이고 변화가 적다. '기질'은 무

엇이 '좋다', '나쁘다'를 비교할 수 없는 고유한 속성으로 기질에 대해 알아갈수록 아이의 감정 반응이나 행동도 더 잘 이해할 수 있다.

② 성격(Character): 경험과 학습, 사회적 관계 속에서 형성되는 개인의 가치관과 행동 양식으로 성장하면서 발달하고 변화한다. '성격'은 자기 자신과 타인, 그리고 삶을 대하는 방식을 보여주는 지표로 아이가 현재 바라보는 삶의 방향에 대해 객관적으로 바라볼 수 있다. 즉, 성격은 '타고나는 기질' 위에 '길러지는 성격'이 쌓인 구조이다.

우리는 아이의 문제 행동을 성격 탓으로 돌리기 전에, 먼저 기질적 특성을 이해하고 출발할 필요가 있다. 이는 아이에 대한 수용의 태도에서 시작되며, 양육 방식도 그에 따라 맞춤형으로 조정되어야 한다. 이 둘을 구분해서 이해하는 것이 우리의 아이를 이해하는 첫 번째 열쇠일 수 있다.

기질과 성격, 무엇이 다를까?

기질과 성격을 자동차에 비유해 보면 이렇다. '기질'은 자동차의 기본 엔진과 성능이다. 어떤 차는 출발이 빠르고 가속이 빠르지만, 어떤 차는 안정감 있게 천천히 움직인다. '성격'은 그 차를 운전하는 방식이다. 같은 차도 누가 운전하느냐에 따라 안전하게 달리기도 하고 위험하게 질주하기도 한다.

예를 들어, '자극추구가 높은 아이'는 새로운 것에 끌리고 쉽게 흥미를 잃는 경향이 있다. 이 아이에게 규칙과 통제를 강요하면 오히려 반항하는 마음이 생길 수 있지만, 창의적 활동과 탐색 기회를 주면, 긍정적으로 발달한다. 반대로 '위험회피가 높은 아이'는 조심성이 많고 신중하지만, 새로운 도전을 어려워할 수 있다. 이 아이에게는 격려와 안정감이 무엇보다 중요하다.

기질을 이해하면 아이에게 맞는 '운전법'을 선택할 수 있다. 억지로 방향을 바꾸려 하기보다, 아이의 흐름을 잘 읽고 그에 맞는 방향으로 도와주는 것이다.

부모의 관찰과 과학의 만남, TCI의 가치

많은 부모가 말한다.

"우리 아이는 왜 이렇게 쉽게 화를 낼까요?"

"끈기가 없고 집중을 못 해요."

이처럼 아이의 행동을 매일 관찰하긴 하지만, 그것이 어디에서 비롯된 것인지 과학적으로 분석하는 데는 한계가 있다.

TCI는 이런 부모의 고민에 과학적인 언어를 부여해 주는 도구이다. 단순한 행동 묘사에서 벗어나, 그 행동의 '근본 원인'을 이해하게 도와준다. 예를 들면,

① "우리 아이는 너무 걱정이 많아요."

　→ 위험회피(HA) 높은 기질

② "우리 아이는 친구가 하자는 대로 다 따라가요."

　→ 사회적 민감성(RD) 높은 기질

③ "조금만 어려워도 포기해요."

　→ 인내력(P) 낮은 기질

이렇게 구체적인 기질 차원으로 아이의 성향을 해석하면, 부모의 양육 방식이 좀 더 전략적이고 따뜻하게 바뀔 수 있다. 아이의 잘못을 바로잡기보다, 아이의 기질을 존중하는 방향으로 접근할 수 있다. 이렇게 과학적인 언어로 아이의 특성을 이해할 수 있으면 부모의 판단이 훨씬 명확해지고, 자책보다는 수용의 자세를 갖게 된다.

2장
TCI란 무엇인가?
기질-성격 이론의 과학적 기초

TCI 검사가 탄생하게 된 배경, 기존 성격 이론에 대한 한계 인식

1980년대 이전까지의 성격 이론들은 대부분 다음과 같은 한계를 가졌다.

① 성격을 선전 또는 후천 중 하나로만 설명
   (ex. 정신분석은 후천적, 생물학적 이론은 선천적)
② 성격을 고정된 유형이나 몇 가지 요소의 조합으로만 파악
   (ex. MBTI, 아이젠크의 PEN 이론)
③ 정신질환과 정상 성격의 연속성에 대한 설명 부족
④ 신경생물학적 기초에 대한 설명이 미흡함

이러한 한계를 넘기 위해, 클로닝거(C. Robert Cloninger) 박사는 뇌의 신경전달물질 체계와 관련된 생물학적 연구를 바탕으로 성격을 보다 정밀하고 입체적으로 설명할 모델을 만들고자 했다.

로버트 클로닝거 박사의 발견

TCI 검사는 미국의 심리학자이자 정신과 의사 로버트 클로닝거 박

사가 개발했다. 그는 오랫동안 환자들을 관찰하며 한 가지 질문에 천착(穿鑿)[1]했다.

"왜 사람들은 같은 환경에서도 서로 다르게 반응하고 행동할까?"

그는 이 질문에 대한 해답을 뇌과학과 유전학에서 찾았다. 그리고 성격을 하나의 고정된 특성이 아니라, 기질과 성격이라는 두 축의 상호작용으로 이해해야 한다고 주장했다.

'기질'은 주로 뇌의 신경전달물질(도파민, 세로토닌, 노르아드레날린 등)에 의해 결정되는 생물학적 반응 경향이다. '성격'은 삶의 경험과 사회적 학습을 통해 형성되는 인격의 부분으로 윤리의식, 책임감, 자율성 등과 관련이 있다.

이 이론은 단순히 성격을 유형화하는 것을 넘어서 개인의 뇌 기능, 심리적 반응, 사회적 행동까지 통합적으로 설명할 수 있는 도구로 주목받고 있다.

구 분	정 의	특 징
기질(Temperament)	자극에 대한 자동적 반응 경향성(선천적)	유전적 요인이 강하며, 비교적 변화하기 어렵다
성격(Character)	사회적 경험과 학습을 통한 자아 구조 및 가치체계	경험과 교육, 성찰을 통해 변화 가능

개발 과정: TCI 검사 이전의 연구 흐름

▶ 1987년: '3차원 인성 질문지'

　−TPQ(The Tridimensional Personality Questionnaire) 개발

---

[1] 구멍을 뚫음. 어떤 원인이나 내용 따위를 따지고 파고들어 알려고 하거나 연구함.

클로닝거 박사는 발달심리학, 성격심리학, 생리학, 약리학 등에 기초를 둔 12년간의 종단 연구를 바탕으로 3가지 기질 요인을 중심으로 성격을 설명하고자 했다.

> 새로움 추구(NS) – 도파민(Dopamine)과 연관
> 위험회피(HA) – 세로토닌(Serotonin)과 연관
> 보상의존(RD) – 노르에피네프린(Norepinephrine)과 연관

이 모델은 생물학적 성격 이론으로서 큰 주목을 받았지만, 인간의 자기 조절 능력, 도덕성, 자아 통합 같은 고차원적인 기능을 설명하는 데 한계가 있었다.
① 자극추구, 위험회피, 보상 의존성 차원 측정 100문항 척도
② 보상 의존성의 하위 차원인 인내력이 독립적인 기질적 차원임이 밝혀짐 → 4개의 차원으로 확장
③ 한 개인의 기질 유형 이해에는 유용
④ 하지만 적응자와 부적응자의 구분에는 한계
⑤ 인성의 전체 영역을 포괄하기 위해서는 '기질'뿐 아니라, '성격' 차원을 포함해야 할 필요성이 대두되었다.

▶ 1993년: TCI 정식 개발

글로닝거 박사는 TPQ에 기반하여 4번째 기질 요소와 3가지 성격 요소를 추가하여 TCI 모델을 완성했다.

* 기질 영역(4가지)

① NS: 새로움 추구(Novelty Seeking)

② HA: 위험회피(Harm Avoidance)

③ RD: 보상의존(Reward Dependence)

④ P: 인내심(Persistence) → 보상의존의 하위 요소에서 독립시킴

사회적 민감성(RD) 차원과 인내력(P) 차원의 비교

사회적 민감성(RD)	지속적인 강화 없이도 친밀감 혹은 애착이라는 사회적 보상을 위해 행동이 유지되는 경향
인내력(P)	지속적인 강화가 없더라도 성취라는 보상을 위해 일정 시간 행동을 유지하는 경향

* 성격 영역(3가지)

기질 모델은 한 개인의 기질 유형을 잘 예측하지만, 그의 적응도나 성숙도에 대해서는 말해주는 것이 별로 없다. 그래서 기질 외의 다른 차원의 추가 필요성이 대두되어 자율성, 연대감, 자기 초월의 세 가지 성격 차원이 추가되었다.

① SD: 자기 지향성(Self-Directedness)

② CO: 협동성(Cooperativeness)

③ ST: 자기 초월성(Self-Transcendence)

이 구성은 정신병리학적 현상과 정상적인 성격 발달을 모두 설명할 수 있는 모델이 되었고, 임상 현장에서 널리 사용되기 시작했다.

뇌과학, 행동과학, 성격심리학의 융합

과학으로 이해하는 '성격' 이야기

아이의 성격은 타고난 기질일까?, 자라면서 만들어지는 걸까? 그 해답을 찾아가는 여정에서, 우리는 뇌과학, 행동과학, 그리고 성격심리학이라는 세 개의 렌즈를 함께 들여다보게 된다. 이 렌즈들을 통합적으로 설명해 주는 도구가 바로 TCI다.

1. 뇌과학과 TCI

TCI는 단순한 성격 유형 검사가 아니다. 이 검사의 핵심인 '기질'은 뇌의 생물학적 시스템과 밀접한 관련이 있다. 예를 들어, 다음과 같은 기질 차원들은 신경 전달 물질과 연결되어 있다.

① **자극추구(NS):** 도파민과 관련되어 있어 새로운 것에 대한 탐색, 충동성, 즉각적인 보상추구와 연결된다.

② **위험회피(HA):** 세로토닌과 관련되어 불안, 회피행동, 걱정, 조심성이 높다.

③ **사회적 민감성(RD):** 노르에피네프린과 관련되어 있으며 타인의 인정, 정서적 유대에 민감하다.

④ **인내력(P):** 어려운 상황에서의 끈기, 목표 달성을 위한 집중력과 관련이 있다.

이러한 기질들은 선천적이며, 어린 시절부터 안정적인 형태로 나타나 뇌의 생리적 특성과 연결된다.

2. 행동과학과 TCI

행동과학은 '왜 어떤 사람은 쉽게 포기하지 않고, 어떤 사람은 작은 실패에도 좌절하는가?' 같은 질문에 답한다. TCI는 이러한 행동 패턴이 기질과 성격의 상호작용 결과라고 설명한다. '기질'은 자동적인 반응 경향이라면, '성격'은 후천적인 학습과 삶의 태도를 반영한다. 즉, 똑같이 '위험회피 성향'이 높은 아이가 있더라도 어떤 아이는 부모의 격려와 지지를 통해 자신감을 키우고, 어떤 아이는 더 깊은 회피행동과 불안을 보일 수 있다는 것이다. 이처럼 환경과 학습, 부모의 반응 방식은 아이의 성격 형성과 행동에 큰 영향을 준다.

3. 성격심리학과 TCI

성격심리학은 사람마다 다르게 세상을 인식하고 반응하는 이유를 연구한다. TCI는 기질뿐 아니라 성격 차원을 함께 측정한다.
① 자기 주도성(SD): 자신의 목표를 스스로 설정하고 달성하는 힘
② 협동성(CO): 타인을 이해하고 협력할 수 있는 능력
③ 자기초월(ST): 세상과 연결되고자 하는 심리적 성숙도, 의미 추구

이 세 가지는 삶을 어떻게 살아갈 것인가를 결정짓는 중요한 성격 특성이다. 성격은 기질보다 더 변화가 가능하며, 경험과 교육, 양육을 통해 자라난다.

TCI의 융합적 가치

TCI는 이처럼 뇌의 신경 시스템(뇌과학), 행동의 패턴(행동과학), 성격의 구조(성격심리학)를 하나의 모델 안에 통합해 설명한다. 덕분

에 우리는 아이의 성격을 단순한 '성향 분석'이 아니라, 생물학-행동-환경의 통합적 결과로 이해할 수 있게 된다. 이해는 곧 존중으로 이어진다. 아이의 다름을 '고치려는' 것이 아니라, 그 특성을 '이해하고 살릴 수 있는' 방향으로 안내하는 것이 가능한 것이다.

그래서 TCI는, 아이의 '진짜 마음'을 읽는 열쇠다

아이의 감정, 행동, 관계 방식, 실패에 대처하는 방식, 자신감의 원천까지…. 모두 이 하나의 모델 안에서 유기적으로 설명되고, 그 안에서 아이만의 길을 찾을 수 있다.

부모인 우리는 TCI를 통해, "왜 우리 아이는 다를까?"라는 질문에, "어떻게 하면 더 잘 자랄 수 있을까?"라는 따뜻한 답을 줄 수 있게 된다.

7가지 기질·성격 차원과 그 의미

TCI는 인간의 성격을 7가지 차원으로 나누어 설명한다. 이들은 기질 4가지, 성격 3가지로 구분된다.

* 기질(Temperament)

1. **자극추구(NS)**: 모험심, 충동성, 새로운 자극에 대한 민감도
2. **위험회피(HA)**: 불안, 조심성, 걱정의 경향성
3. **사회적 민감성(RD)**: 타인의 인정에 대한 민감도, 정서적 연결 욕구
4. **인내력(P)**: 과제를 끝까지 수행하려는 성향, 끈기

* 성격(Character)

5. 자기 주도성(SD): 목표 설정, 자기 책임감, 자율성
6. 협동성(C): 타인과의 협력, 공감 능력, 도덕성
7. 자기초월(ST): 삶의 의미, 영성, 초월적 가치 추구

이 척도들을 통해 우리는 아이가 어떤 방식으로 세상을 경험하고, 타인과 관계 맺고, 자신의 삶을 설계하는지를 이해할 수 있다. 또한 각 차원은 독립적이면서도 서로 유기적으로 연결되어 있다. 예컨대, '자극추구'는 높은데 '인내력'이 낮다면 충동적이지만 쉽게 지치는 경향을 보일 수 있다. 혹은 '위험회피'는 높은데 '자기 주도성'이 낮으면 늘 걱정만 하면서도 스스로 문제를 해결하려 하지 않는 모습으로 나타날 수 있다.

기질은 낙인이 아니라 가능성이다

기질을 안다는 것은 '우리 아이는 이런 아이니까 안 돼'가 아니라, '이런 특성이 있으니 이렇게 도와줘야겠다'라는 방향성을 잡는 것이다. 예를 들면, 다음 표처럼 정리할 수 있다.

기질 · 성격 특성	양육 방향
자극추구↑/인내력↓	지루함을 싫어하므로 짧은 과업과 칭찬을 통한 동기 부여 필요
위험회피↑	실수에 예민하므로 실패에 대한 두려움을 줄이고 작은 성공 경험 제공
협동성↓/자기 주도성↑	타인의 감정을 인식하도록 도와주되, 자기 의견을 존중하는 방식 유지

이처럼 TCI는 아이의 특성을 낙인찍는 것이 아니라, 이해하고 도와주는 방향으로 안내하는 지도이다.

(TCI Version)

한국판 검사명	독일판 검사명	실시 대상	문항 수	실시 방식
기질 및 성격검사 - 유아용	JTCI 3-6	미취학 유아동	86	양육자 보고식
기질 및 성격검사 - 아동용	JTCI 7-11	초등학생	86	양육자 보고식
기질 및 성격검사 - 청소년용	JTCI 12-18	중학생, 고등학생	82	자기 보고식
기질 및 성격검사 - 성인용	TCI-RS	대학생, 성인	140	자기 보고식

발달 심리학적 측면에서 기질은 타고나는 것이지만, 성격은 후천적으로 만들어지는 것이다. 그러므로 유아의 경우에는 자아가 확립되고 성격이 형성되는 최소 생후 36개월 이후에나 검사 진행이 가능하다.

한국판 TCI 개발 역사

1. 독일판 TCI의 표준화 도입

독일 연구팀은 글루닝거 박사와 공동 연구를 통해 성인용 TCI(TCI-RS)를 제외한 나머지 세 버전의 공동 저자 지위를 부여받았다. 독일판 TCI는 다른 국가의 TCI 버전에 비해 문항 수가 적으면서도 심리

측정 속성이 양호하다는 평가를 받았다.

2. 표준화를 위한 예비 연구(2005)

문항 번역: 독일판 TCI-RS의 140문항을 우리말 번역

(1차 예비 연구): 경기도 모 유치원의 학부모 88명, 서울 소재 4년제 대학 대학원생 12명을 대상으로 예비 검사 실시 후 문항 분석 수행 → 9개의 문항을 수정

(2차 예비 연구): 서울과 경기 지역에 거주하는 성인 45명을 대상으로 실시

3. 표준화 연구(2006)

① 대학생 집단과 일반 성인 집단을 구분하여 수행

(이유) 대학생 특유의 특성(높은 자극추구, 낮은 자율성 등)을 고려하기 위해

② '2000년 대한민국 인구 및 주택 총조사'에 따라 연령과 교육 수준별 분포에 맞추어 2,021명의 규준 집단 구성

(검사의 신뢰도)

독일판 검사와 유사한 Cronbach's Alpha[2]: 0.76 ~ 0.90

(검사의 타당도)

① 자극추구, 위험회피, 사회적 민감성 '세 기질 척도'들 간의 상관계

---

[2] 크론바흐 알파(Cronbach's Alpha)는 심리검사나 설문지에서 문항들이 서로 얼마나 일관되게 하나의 개념을 측정하고 있는지를 나타내는 통계 지표다. 쉽게 말해, 검사 항목들이 서로 잘 어울리는지(=일관성 있게 측정하는지)를 수치로 값의 범위는 보통 0에서 1사이다. 값이 0.7 이상이면 신뢰도가 높다고 본다.

수는 낮음
- 세 기질 차원이 독립적이라는 글루닝거 모델 지지
② 인내력 척도는 나머지 기질 척도와 높은 상관
- 특히 위험회피 척도와 높은 역상관, 독립성 의문시
③ 기질 척도와 성격 척도 간 상관분석 결과
- 자극추구, 위험회피 기질이 낮고, 사회적 민감성, 인내력 기질이 높을수록 성격 발달에 긍정적인 영향을 미친다는 이전 연구 결과 지지

| 3장 |
검사보다 중요한 건 '해석하는 시선'

수치가 아닌 아이를 보는 법

TCI 검사를 받고 나면 다양한 숫자들이 나온다. '높음', '낮음', '보통' 등으로 기질 차원이 평가된다. 그러나 이 수치는 절대적인 기준이 아니다. 예를 들어, 자극 추구가 높다고 해서 '우리 아이는 산만한 아이'라고 단정 짓는 것은 잘못된 해석이다. 이 아이는 활발하고 창의적일 수 있으며, 에너지 발산이 필요한 기질일 수 있다. TCI 결과는 아이를 이해하기 위한 언어이지, 평가하거나 통제하기 위한 도구가 아니다.

'정상'이라는 단어에 매몰되지 않기

많은 부모가 검사 결과를 보고 "이 정도면 정상인가요?"라고 묻는다. 하지만 TCI는 질병을 진단하는 검사가 아니다. 기질은 병이 아니라 '다양한 뇌의 언어'이다. 정상과 비정상이라는 기준을 벗어나서 생각해야 한다. 어떤 아이는 느긋하고 어떤 아이는 빠르다. 중요한 건 그 아이에게 맞는 속도와 리듬을 찾아주는 것이다. 누가 더 '정상'

에 가까운가보다는 누가 더 자기답게 살아갈 수 있는가가 더 중요한 질문이다.

아이의 기질은 다양하고, 그 다양성 자체가 건강한 것이다. 중요한 건 '아이가 가진 성향에 따라 어떻게 양육할 것인가?'이다. 예를 들어, '걱정이 많고 불안한 아이'는 과보호로 갈 것이 아니라 아이가 스스로 작은 성공을 경험하며 자신감을 키울 수 있도록 돕는 것이 중요하다.

아이의 가능성을 여는 도구로서의 검사

TCI는 아이를 틀 안에 가두기 위한 검사가 아니다. 오히려 틀 밖에 있는 아이의 모습을 볼 수 있게 돕는 도구이다. "왜 이럴까?"라는 질문을 "그래서 무엇을 도와줄 수 있을까?"로 바꾸어 주는 검사, 그것이 바로 TCI이다. 아이는 숫자가 아니다. 점수도 아니다. 다만 지금, 이 순간, 우리가 더 깊이 이해하고자 할 때 TCI는 그 여정의 출발선이 되어준다.

TCI는 마치 마음의 나침반 같다. 방향을 정해주는 것이 아니라 현재 위치와 기후, 지형을 보여주는 지도이다. 이 검사를 통해 아이의 가능성을 더 넓게 볼 수 있다. "우리 아이는 왜 이럴까?"라는 의문에서 "우리 아이는 이렇게 특별하구나"라는 인식으로 나아갈 수 있도록 돕는다.

* 기질 및 성격검사 TCI 해석상담 보고서(성인용)

기질 – 유전적으로 타고난 자동적 반응

기질로 알아보는 내 모습

기질로 알아보는 내 모습
당신의 기질 유형은 **HMM** 입니다.   H 자극추구   M 위험회피   M 사회적 민감성

당신이 타고난 특성은?

김마음 님은 호기심이 많은 편으로 세상 안에서 다양한 관심사와 흥미거리를 발견해낼 수 있는 강점을 지니고 있어요. 처음 보는 상황이나 대상 앞에서도 뒤로 숨기보다는 주도적으로 탐색하고 알아가는 데에서 즐거움을 느끼지요. 이에 변화가 많은 상황에서도 잘 대처할 수 있으며, 어떤 일을 결정하고 실행에 옮기는 속도도 빠릅니다. 가끔은 위험부담이 크거나 스릴이 넘치는 상황에 끌리기도 하지만, 위기에서 무사히 빠져나온다면 더욱 많은 경험을 쌓을 수 있겠지요.

다만 어떤 일을 변함 없이 반복하거나 지속해야만 하는 상황에서는 지루함을 느낄 수 있습니다. 판에 박힌 듯 단조로운 일에서 흥미를 발견하기란 아무래도 어려운 일이지요. 당신에게는 세상 안의 다양한 관심사를 찾아낼 수 있는 강점이 있는 만큼, 새로운 무엇인가에 끌리며 이를 얻고자 하는 갈망도 큽니다. 이러한 자신의 모습을 보며 마음이 자주 움직인다는 생각을 해보았을 수도 있겠어요.

당신의 대인관계 특성은?

김마음 님은 사람들과 건강한 거리를 유지하며 친밀한 관계를 맺어 나가는 잠재력을 갖추고 있어요. 자신의 감정과 생각을 솔직하게 표현하는 모습으로 새로운 상대의 호감도 잘 이끌어 낼 수 있습니다. 고민이 있을 때에는 가까운 사람들에게 털어놓고 또 그들의 고민을 들어주기도 하지요. 그렇다고 지나치게 다른 사람의 삶에 개입하는 걸 원하지는 않으며 타인의 기대나 반응에 쉽게 휘둘리는 편도 아니겠어요.

나의 기질 수용하기

관심의 범위가 넓고 다양한 만큼, 새로운 대상을 탐색하는 데에서 즐거움을 느낄 때가 많을 거예요. 이러한 모습이 때로는 다소 산만해 보일 수도 있겠습니다. 여러 대상에 호기심을 느끼다보면 충분히 그럴 수 있지요. 하지만 집중해야만 할 중요한 일을 앞두고 있을 때에는 당신 안의 신중한 면도 발휘해보는 것이 좋아요. 결정하기 전에 구체적인 계획을 세워보거나, 조심성이 많은 친구의 조언을 들어보는 것도 도움이 되겠습니다.

성격 – 의식적으로 추구하는 목표 및 가치

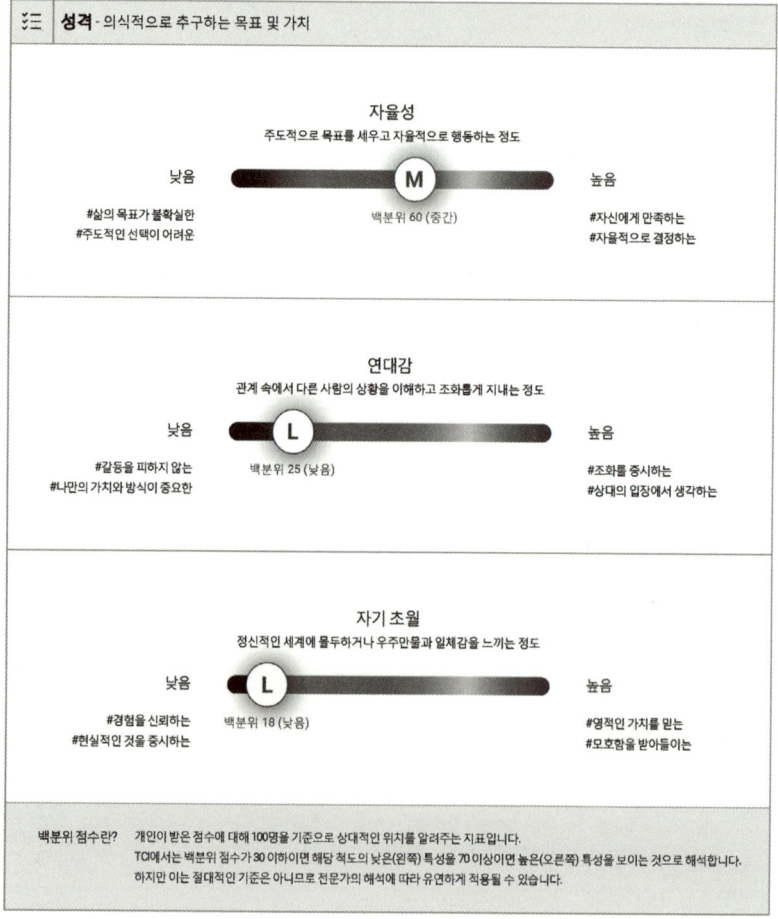

성격으로 알아보는 내 모습

> **성격**으로 알아보는 내 모습
>
> 당신의 성격 유형은 **MLL** 입니다.
>
> M 자율성 　 L 연대감 　 L 자기 초월

당신이 삶을 바라보는 방식은?

삶의 목표를 설정하고 자율적으로 이를 추구해 나갈 수 있는 자원을 적절히 갖추고 있습니다. 때때로 어떻게 살아야 할지 고민하기도 하고 현재의 내 모습이 흡족하지 않게 느껴질 때도 있지만 좀 더 나은 내일을 꿈꾸며 현재의 삶을 충실하게 살아내고 있겠어요.

또한 나와 타자의 경계가 분명한 편으로, 내 울타리 안에 속한 사람들을 최우선으로 여기겠습니다. 이러한 태도는 그 울타리 내에 있는 사람들에게는 안정적이고 보호받는 느낌을 줄 수 있어요. 다만, 경계 밖의 사람들에게는 타인에 대해 별 기대가 없고 무신경한 모습으로 비칠 수도 있습니다. 아울러 합리적이고 객관성을 추구하는 사람으로, 모호함과 불확실함을 좋아하지 않을 것으로 보여요. 이에, 현실적이고 통제 가능한 삶을 원하지만 뜻대로 되지 않을 때에는 좌절감을 느낄 수도 있겠습니다.

나의 성격 가꾸기

현재 타인을 관대하게 대할 만한 마음의 여유가 없는 것은 아닌지 한번 돌아봐 주세요. 갈등 상황에 처해 있거나 다른 사람과의 관계에서 상처를 받았을 수도 있습니다. 남들과 조화로운 관계를 유지하는 것에 얼마나 가치를 두는지는 사람마다 다르지만, 갈등에 처하면 누구나 타인을 너그럽게 대하기 어려울 수 있지요.

더욱이, 일이 잘 풀리지 않고 스트레스에 휩싸이면 자신감이 저하되고 스스로의 부정적인 측면에 집중하게 될 수도 있어요. 요즘 나의 삶이 어떠했는지, 스트레스로 인해 너무 힘들지는 않았는지 한번 되짚어 보시기 바랍니다.

TCI 해석상담 보고서

> **TCI 해석상담 보고서 내용이 자신과 일치하지 않나요?**
>
> 보고서 내용 중 김마음 님과 맞지 않다고 느껴지거나 이해하기 어려운 부분이 있나요?
> TCI와 같이 본인에 대해 스스로 응답하는 검사의 경우 현재 기분 상태나 자신을 어떤 사람이라고 생각하는지에 따라 검사 결과가
> 달라질 수 있어요. 더욱이 TCI 해석 보고서는 검사 점수에만 기반하여 작성되었기 때문에, 김마음 님이 지금 처한 상황이 충분히
> 반영되지 않았을 수 있습니다.
>
> 또한 기질의 내용과 성격의 내용이 서로 맞지 않는다고 느껴질 수 있어요.
> 그렇다면, 타고난 기질의 단점을 보완하여 성격을 적응적으로 계발해 왔을 수 있고,
> 이와 반대로 현재 스트레스나 갈등을 경험하며 자신의 기질적 강점을 충분히 알아차리지 못한 채
> 삶의 목적이나 방향이 흔들리고 있을 수도 있지요.
>
> 이럴 때 한 걸음 떨어져 스스로를 바라본다면 나 자신을 더욱 깊게 이해할 수 있을 거예요.
> 그리고 전문가와의 상담을 통해 스스로를 좀 더 이해하고 성장할 수 있다는 것도 기억해 주세요.
> 이러한 시도를 통해 김마음 님이 타고난 모습을 스스로 존중하고 받아들이며 나만의 중요한 가치를 찾아 보시기 바랍니다.

TCI로 아이를 읽다
기질과 성격의 7가지 렌즈

2부

사람은 흥분과 보상을 추구하는
탐색 활동을 하며 처벌과 단조로움을
적극적으로 회피하는 성향을 보인다.
'자극추구' 척도는 이러한 기질적 성향에서의
개인차를 측정하기 위한 척도이다.

| 1장 |

자극추구
(NS, Novelty Seeking)

– 모험, 도전 등 새로운 자극을 추구하는 자극추구 정도

사람은 새로운 자극이나 잠재적인 보상 단서에 접하면 이러한 자극에 끌리면서 행동이 활성화되는 유전적인 경향성을 지니고 있다. 즉, 사람은 흥분과 보상을 추구하는 탐색 활동을 하며 처벌과 단조로움을 적극적으로 회피하는 성향을 보인다. '자극추구' 척도는 이러한 기질적 성향에서의 개인차를 측정하기 위한 척도이다.

'모험가'인가, '조심쟁이'인가?
"엄마, 저기 있는 외계인 조형물 위에 올라가 봐도 돼요?"
"지금 처음 보는 아이랑 놀이터에서 같이 놀기로 했어!"
이런 말을 하는 아이가 있다면, 그 아이는 '자극추구 성향(NS)이 높은 아이'일 가능성이 크다.
반대로, "그네는 탈 줄 아니까 그것만 탈래."
"새로운 반찬은 싫어. 어제 먹던 거 주세요."
이렇게 익숙한 것만 고집한다면, '자극추구 성향이 낮은 아이'일 수

있다.

TCI 성격 이론에서 '자극추구(NS)'는 말 그대로 새롭고 자극적인 경험을 추구하는 정도를 의미한다. 아이의 모험심, 충동성, 호기심, 도전 욕구, 싫증을 참지 못하는 태도 등이 여기에 해당한다.

높은 자극추구, 끝없는 호기심과 도전, 그 이면엔 충동이 있다

NS가 높은 아이들은 '탐험가형 기질'을 타고났다고 할 수 있다. 이들은 늘 새로운 것을 찾고, 모험을 즐기며, 환경의 변화를 빠르게 감지한다. 상상력이 풍부하고, 창의적인 발상을 자주 하며, 기존의 틀에 얽매이길 싫어한다. 하지만 동시에,

① 충동적으로 움직이기 쉽다.
② 감정 기복이 크다.
③ 규칙을 지루하게 느껴 어기기 쉽다.
④ 쉽게 싫증을 낸다.
⑤ 중단된 일에 대한 집착이 약한 경우도 많다.

이런 아이는 부모의 관점에서 보면 참 다루기 힘든 아이이다. 무엇을 해도 금세 "재미없어"라고 말하고, 조심해야 할 상황에서도 몸이 먼저 움직이기 때문이다. 그렇다고 무조건 "하지 마!", "그만해!", "왜 말을 안 들어?"라고 억누르다 보면 아이의 탐구심과 창의성까지 꺾여버릴 수 있다. 중요한 것은 '충동과 창의(력) 사이'의 미묘한 경계를 잘 이해하는 것이다.

싫증, 충동, 도전, 아이는 왜 그렇게 행동할까?

자극추구가 높은 아이는 도파민 보상 시스템이 활발한 경우가 많다. 쉽게 말해, 새로운 자극에서 기쁨과 흥분을 더 크게 느끼는 뇌를 가지고 있다는 뜻이다. 이런 아이는 같은 장난감도 오래 못 가지고 놀고, 자기 차례를 기다리기 힘들며, 규칙이 많은 놀이보다 자유도가 높은 활동을 더 선호한다.

이 성향은 단점일까? 아니다. 오히려 창의성과 탐구 능력, 도전 정신의 기반이 되기도 한다. 하지만, 자극을 찾아 지속적인 변화만을 좇게 되면, 깊이 있는 몰입, 꾸준한 훈련, 관계 유지에서 어려움을 겪을 수 있기에 균형 잡힌 양육 방식이 중요하다.

양육 가이드 – 규칙과 자유 사이의 균형 잡기

① 무조건적인 통제보다, '가이드라인'을 주자.
"하지 마"보다는 "이건 이렇게 하면 더 안전해"로 말하기
예: "낯선 강에는 들어가면 안 돼. 대신 근처에서 발만 담가볼까?"
② 싫증을 받아들이되, 끝까지 해보는 경험을 주자.
아이가 금세 흥미를 잃는다면, "그럼 오늘은 여기까지만 해보자. 대신, 다음에 나머지도 마저 하자"고 제안하기
예: "이 블록이 지겨워졌다면, 이걸로 다른 집을 만들어보면 어때?"
③ 충동을 막는 게 아니라, 충동을 다루는 방법을 가르치자.
"지금 뛰고 싶은 마음, 알겠어. 그런데 여기서는 안 돼. 대신 공원에 가서 마음껏 뛰자."
④ 새로운 자극을 안전하게 탐험하도록 유도하자.

규칙 안에서 스스로 선택하게 하면 만족감이 커짐
예: "오늘은 새로운 놀이 중 하나를 네가 골라보자. 단, 끝까지 해보는 게 오늘의 약속이야."

자유로운 영혼을 위한 따뜻한 안내자

'자극추구가 높은 아이'는 세상을 다르게 보는 눈을 가지고 있다. 낯선 것을 두려워하기보단 도전하고, 실패해도 금방 털고 일어나 또 다른 길을 모색한다. 이런 아이에게 부모는 브레이크가 아니라 조향장치가 되어야 한다. "이건 왜 안 돼?"라고 묻는 아이에게, "이렇게 하면 더 잘 돼"라고 대답할 수 있다면, 그 아이는 안전하고 건강한 방식으로 세상을 탐험할 수 있게 된다.

사례 예시

① 높은 NS 아이: 정민이는 새 공원이 생기면 누구보다 먼저 미끄럼틀을 타보고, 위험한 곳에도 주저하지 않고 들어간다. 가만히 앉아 있질 못하고 늘 뭔가 새로운 걸 시도하려 한다.
② 낮은 NS 아이: 수아는 늘 다니던 길로만 가고, 새로운 친구를 사귀거나 음식도 도전하지 않는다. 처음 보는 놀이기구는 절대 먼저 타지 않는다.

부모 질문지

- 우리 아이는 새로운 경험을 좋아하나요?
- 위험을 무릅쓰고라도 해보려는 경향이 있나요?

- 쉽게 지루해하거나 새로운 자극을 계속 찾으려 하나요?

양육 실천 워크북

활동: 모험 리스트 만들기
아이와 함께 새로운 활동을 리스트로 만들고, 안전 기준을 함께 정하며 하나씩 시도해 보기
점검표: '자유와 규칙의 균형' 체크리스트
미션: "오늘 하루, 익숙한 것 하나 안 하기!"
예: 새로운 음식, 새로운 놀이 시도 등

정리

▲NS 점수가 높은 경우

특성: 성미가 급하고 쉽게 흥분하며, 탐색적이고 호기심이 많고 충동적이다. 열정적이면서도 쉽게 지루해하고, 단조로움을 견디기 어려워 늘 변화를 추구한다. 종종 즉흥적인 인상에 따라 행동하고 감정 기복이 심하다. 돈이나 에너지의 절제가 어려우며, 감정 조절 역시 쉽지 않다. 규칙이나 규정에 얽매이는 것을 싫어하고, 좌절 상황을 잘 견디지 못한다.

장점: 새롭고 낯선 자극에도 열정적으로 반응하며, 숨어 있는 보상이나 기회를 잘 포착한다. 창의적이고 도전적인 기질로 혁신적인 행동을 시도할 가능성이 높다.

단점: 욕구가 좌절되었을 때 쉽게 화를 내거나 의욕을 잃는 등 감정적으로 불안정하다. 충동적이고 끈기 부족으로 인해 대인관계나 일

상생활에서 어려움을 겪을 수 있다.

▼NS 점수가 낮은 경우

특성: 성미가 느리고 차분하며, 호기심이 적고 정적이다. 심사숙고하며 계획적이고 절제력이 강하다. 단조로운 상황도 잘 견디며 익숙한 것에 안정감을 느낀다. 새로운 자극에 대한 저항이 있으며, 익숙한 환경을 선호하는 경향이 강하다. 감정 변화가 적고, 질서와 규칙을 중시하며 좌절 상황에도 안정적으로 반응한다.

장점: 신중하고 분석적이며 한 가지 일에 깊이 있는 집중력을 발휘할 수 있다. 감정 기복이 적어 예측할 수 있는 행동을 하며, 체계적인 계획과 절제를 통해 안정적인 성과를 낼 가능성이 높다. 근검절약과 인내력이 뛰어나 꾸준한 노력이 필요한 일에 적합하다.

단점: 새로운 자극이나 변화에 대한 개방성이 낮아, 유연성이 떨어질 수 있다. 창의적 도전이나 돌발 상황에 대한 적응력이 부족할 수 있으며, 익숙한 환경에만 안주하려는 경향으로 성장 기회를 놓칠 수도 있다. 타인의 자극적 표현이나 감정적 반응에 소극적으로 대처할 수 있다.

높은 사람	낮은 사람
충동적인 주변을 활발히 탐색하는 마음이 쉽게 변하는 쉽게 흥분하는 성질이 급한 씀씀이가 헤픈 화를 잘 내는	심사숙고하는 경직되고 융통성 없는 우직스러운 태연자약하고 금욕적인 성미가 느린 검소하고 절약하는 절제하는

자극추구(NS, Novelty Seeking)의 하위척도

> NS1: 탐색적 흥분/관습성 안정성
> NS2: 충동성/심사숙고
> NS3: 무절제/절제
> NS4: 자유분방/질서정연

(1) NS1: 탐색적 흥분/관습성 안정성

▲점수가 높은 경우

① 낯선 장소나 새로운 상황을 흥미롭게 여기고 자발적으로 탐험하려는 경향이 있다.

② 스릴, 모험, 신기한 경험을 즐기며, 단조로운 일상을 빨리 지루해한다.

③ 새로운 생각과 활동에 잘 빠져들고, 혁신적이고 비관습적인 인상을 줄 수 있다.

▼점수가 낮은 경우

① 익숙한 사람, 장소, 일상에서 안정감을 느끼며 새롭거나 낯선 자극에는 큰 흥미를 보이지 않는다.
② 이미 알고 있는 방식을 고수하며 쉽게 지루해하지 않는다.
③ 실용적인 이유가 없다면 변화를 시도하지 않으며, 종종 '보수적' 혹은 '관습적인 사람'으로 인식된다.

(2) NS2: 충동성/심사숙고

▲점수가 높은 경우

① 감정 기복이 크고, 순간적인 기분이나 직감에 따라 행동하는 경향이 강하다.
② 충분한 정보 없이 성급하게 결정을 내리는 일이 많으며, 결정 후 번복하는 예도 흔하다.
③ 주의 집중이 어렵고, 쉽게 산만해질 수 있다.

▼점수가 낮은 경우

① 차분하게 생각하고 신중하게 판단하려는 성향이 강하다.
② 결정을 내릴 때는 정보를 충분히 모으고, 분석적으로 접근한다.
③ 한 가지 일에 오래 집중할 수 있어 계획적인 업무나 학습에 강점이 있다.

(3) NS3: 무절제/절제

▲점수가 높은 경우

① 돈, 시간, 감정 등을 그때그때 쓰는 것을 선호하며, 절제력이 약한 편이다.
② 계획 없이 소비하거나 즉흥적으로 행동하기 쉽다.
③ 외부에서 보면 활달하고 대범하게 보이지만, 자원 관리가 어려울 수 있다.

▼점수가 낮은 경우

① 검소하고 조심스러운 태도로 자원을 아끼며 절제된 생활을 한다.
② 감정도 쉽게 표출하지 않고, 자제하려는 성향이 강하다.
③ 때로는 주변 사람들에게 '인색하다'는 인상을 줄 수도 있다.

(4) NS4: 자유분방/질서정연

▲점수가 높은 경우

① 감정을 억누르기보다는 쉽게 화를 내거나 분노를 표출한다.
② 규칙이나 통제에 불편함을 느끼며, 자유로운 환경을 선호한다.
③ 상황에 따라 규칙을 무시하거나 사실을 과장하기도 하며, 좌절이나 지루함에 잘 견디지 못한다.

▼점수가 낮은 경우

① 조직적이고 체계적인 성향이 강하며, 질서 있는 환경을 선호한다.
② 감정을 억제하고, 분노를 잘 참으며, 참을성이 많은 편이다.

③ 자발적으로 규칙을 따르고, 욕구 지연이 가능한 '인내력 강한' 성향이다.

∨요약

하위 척도	높은 점수 특징	낮은 점수 특징
NS1: 탐색적 흥분	새롭고 낯선 것에 대한 강한 호기심, 모험심	익숙함을 선호, 변화에 저항적
NS2: 충동성	즉흥적, 감정 기복 큼, 산만함	신중함, 집중력 강함
NS3: 무절제	자원과 감정 통제 어려움, 충동 소비	절제력 뛰어남, 검소함
NS4: 자유분방	규칙 기피, 쉽게 화냄, 감정 표출 많음	질서 정연, 감정 조절 잘함

| 2장 |

위험회피
(HA, Harm Avoidance)
- 손해, 위험에 대한 위험회피 정도

사람은 위험하거나 혐오스러운 자극에 접하면 행동이 억제되고 위축되는 유전적인 경향성을 지니고 있다. 즉, 처벌이나 위험이 예상될 때 이를 회피하기 위해 행동이 억제되며 이전에 하던 행동을 중단하는 성향을 보인다. 위험회피 척도는 이러한 기질적 성향에서의 개인차를 측정하기 위한 척도이다.

걱정 많은 아이 vs. 겁 없는 아이
"저기 무서운 개는 안 지나가면 안 돼?"
"처음 가는 데는 낯설고 싫어."
"이거 하다가 실패하면 어떡해요?"
혹시 이런 말을 자주 하는 아이가 있는가? 그렇다면 그 아이는 '위험회피 성향(HA)이 높은 아이'일 수 있다.
반대로, "그냥 해보면 되지 뭐~."
"무섭긴 뭐가 무서워!"
"어차피 안 되면 다른 거 하면 되잖아."

이렇게 말하는 아이는 위험회피(HA)가 낮은, 즉 겁이 적고 도전적인 기질을 지닌 아이일 수 있다.

'위험회피'는 말 그대로, 실패나 위험, 낯선 상황에 대한 회피 경향을 뜻한다. 어떤 아이는 조심성이 많고, 어떤 아이는 대범한 이유가 바로 이 기질 차이에서 비롯된다.

불안과 조심성은 타고난 '기질'이다

많은 부모가 걱정이 많은 아이를 보며 이렇게 생각한다. "얘는 왜 이렇게 소심할까?", "이 정도는 좀 참아야지", "겁이 너무 많아 답답해"라고. 하지만, TCI 이론에 따르면 불안은 타고나는 기질 중 하나이다. 다시 말해, '무조건 참아야 할 감정'이 아니라 존중받아야 할 기질의 한 형태라는 뜻이다.

특히, 위험회피(HA)가 높은 아이들은 새로운 환경, 낯선 사람, 예상치 못한 변화에 대해 쉽게 불안감을 느낀다. 이 불안감은 일종의 신호등 역할을 한다. "위험할지도 몰라. 조심해야 해"라고 뇌가 알려주는 것이다.

불안이 높은 아이의 장점은?

"겁이 많다", "불안이 많다"라는 단어는 보통 부정적으로 들린다. 하지만 실제로 위험회피 성향이 높은 아이들만의 강점이 있다.

① 민감함: 감정, 분위기, 표정 변화에 빠르게 반응한다. 또래의 기분이나 눈치를 잘 읽고 배려하려 한다.

② 사전 대비력: "이러다 안 되면 어쩌지?" 하는 마음이 있어 계획을

세우고 준비하는 능력이 뛰어나다. 실수를 줄이기 위해 연습하고 확인하는 태도가 있다.

③ 공감 능력: 자신이 불안을 자주 느껴본 만큼, 다른 사람의 두려움과 긴장을 이해하고 공감할 줄 안다. 이런 아이들은 단체에서 '모험을 주도'하진 않지만, 위험 요소를 막아주는 브레이크 역할을 자주 해낸다.

걱정 많은 아이의 속마음, "나를 그냥 다그치지 말아줘요"

불안을 많이 느끼는 아이는 세상이 조금 더 위협적으로 보인다. 어른이 보기엔 별일 아닌 것도, 아이에겐 정신적 자극이 훨씬 크게 다가온다. 예를 들면,

① 처음 보는 학원 선생님과 대면
② 친구가 갑자기 화를 낼 때
③ 발표하거나, 실수할까 봐 두려운 상황

이런 장면에서 아이는 '겁쟁이'가 아니라, 민감한 '신호 탐지기'를 작동하고 있는 것이다. 그런데 많은 부모가 아이의 불안을 다그친다. "그 정도로 뭘 그래", "겁먹지 마! 이건 해야 하는 거야", "지금부터 이런 식이면 앞으로 세상 못 살아" 이런 말은 아이의 불안을 줄여주기보단, 수치심과 회피를 더 키우는 역할을 하게 된다.

[양육 가이드] – '과잉보호'와 '따뜻한 격려' 사이

① '하지 마'보다 '해볼 수 있어'로 격려하기
불안한 아이에게는 도전하지 못한 상황보다, 작게라도 해낸 경험이

자존감을 키운다.
× "그럼 그냥 하지 마."
∨ "엄마랑 같이 해보고, 그다음엔 혼자 해보자."
② 불안을 '무시'하지 말고 '이해'해 주기
"무섭구나. 뭐가 제일 걱정돼?"
"그럴 수 있어. 나도 그런 적 있었어."
공감의 말 한마디는 아이의 불안을 절반으로 줄여준다.
③ 작은 성공을 반복적으로 경험하게 하기
처음에는 함께 가서 친구를 소개해 주고, 두 번째는 아이 혼자 가서 인사만 해보고, 세 번째엔 아이가 먼저 말 걸어보기. 이런 방식의 단계적 노출은 불안을 줄이는 데 매우 효과적이다.
④ '과잉보호'보다 '가능성에 대한 믿음' 주기
아이가 걱정한다고 해서 미리 대신 해결해 주는 것은 도움이 되지 않는다. 중요한 건, 부모의 안정된 태도다.
"너라면 잘할 수 있어. 혹시 어렵더라도 괜찮아."

불안한 아이는 약한 아이가 아니다

불안을 느끼는 아이는 결코 의지가 부족하거나 미성숙한 아이가 아니다. 오히려 그만큼 더 많이 생각하고, 더 깊이 감정을 느끼고, 더 조심스럽게 행동하려는 아이이다. 부모가 할 수 있는 일은 아이의 불안을 깎아내리는 것이 아니라, 그 불안을 품고 세상을 살아갈 수 있도록 작은 날개를 달아주는 거다.
"괜찮아, 네가 그렇게 느낄 수도 있어. 하지만 엄마는 네가 조금씩 나아질 수 있다고 믿어."

이 한마디가, 아이의 불안한 마음에 가장 큰 위로가 될 수 있다.

사례 예시

① 높은 HA 아이: 민준이는 발표 순서가 돌아오면 배가 아프다고 말한다. 낯선 상황에서는 얼어붙거나 울기도 한다.

② 낮은 HA 아이: 한별이는 낯선 캠프에서도 바로 친구를 만들고, 발표도 주저하지 않는다.

부모 질문지

- 아이가 자주 걱정하거나 불안해하나요?
- 새로운 환경이나 사람 앞에서 위축되나요?
- 실수를 두려워하고 완벽하게 하려고 하나요?

양육 실천 워크북

활동: '걱정 상자 만들기' 오늘 걱정한 일을 적어 걱정 상자에 넣고, 저녁에 하나씩 꺼내 함께 이야기해 보기

격려 카드 만들기: '할 수 있어! 카드'

미션: '작은 도전 일기' 쓰기. 매일 아주 작은 용기 낸 행동 기록하기

정리

▲HA 점수가 높은 경우

특성: 이들은 심성이 여리고, 쉽게 긴장하며 걱정이 많은 사람들이

다. 겁이 많고 안전을 중시하며, 새로운 상황이나 예측 불가능한 환경에 대한 두려움이 크다. 다른 사람들이 별로 문제 삼지 않는 일에도 지나치게 걱정하고 비관적으로 생각하는 경향이 있다.

낯선 사람이나 낯선 환경에서는 위축되기 쉽고, 수줍음을 많이 타며 사회적 상황에서도 불안함을 느낄 수 있다. 에너지 소모가 빠르고 자주 피곤함을 호소하며, 누군가의 격려와 칭찬을 받아야 힘이 나고 의욕이 생긴다. 반면, 비판이나 꾸중에는 매우 민감하게 반응하고 위축되기 쉽다.

장점: 위험이 예상되는 상황에서 미리 조심하고 세심하게 대비하는 경향이 있어 실제로 문제가 생겼을 때 준비가 잘 되어 있는 편이다.

단점: 현실적으로 그리 위험하지 않은 상황에서도 불필요한 걱정과 두려움으로 인해 기회를 놓치거나 소극적으로 행동할 수 있다.

▼HA 점수가 낮은 경우

특성: 이들은 대체로 겁이 없고 대담하며, 안정되고 침착한 성향을 가진다. 위험한 상황이나 불확실한 환경에서도 쉽게 동요하지 않고, 낙관적이며 자신감 있게 대처한다. 대부분의 사회적 상황에서 활발하고 사교적이며, 모험적인 선택도 두려워하지 않는다. 감정 기복이 적고 에너지가 풍부하며, 타인에게는 활기차고 정력적인 인상을 주는 경우가 많다.

장점: 도전적인 상황에서도 두려움 없이 적극적으로 나아가며, 위기 상황에서도 침착하고 유연하게 대응할 수 있다.

단점: 지나치게 낙관적이고 위험에 대해 둔감한 경향이 있어, 충분

한 준비 없이 무모하게 행동하거나 실수를 반복하는 경우가 있다.

높은 사람	낮은 사람
조심성 많은	자신감 있는
미리 염려하고 걱정하는	걱정 근심이 없는
쉽게 지치는	정력적이고 활력이 넘치는
억제된	거리낌이 없는
비관적인	낙관적인
두려움이 많은	위험을 무릅쓰는
수줍어하는	사교적인

위험회피(HA, Harm Avoidance)의 하위 척도

> HA1: 예기불안/낙천성
> HA2: 불확실성에 대한 두려움
> HA3: 낯선 사람에 대한 수줍음
> HA4: 쉽게 지침/활기 넘침

(1) HA1: 예기불안/낙천성

▲점수가 높은 경우

① 미래에 닥칠 일에 대해 미리 걱정하고 불안해한다.

② 일이 잘 풀리기보다는 실패하거나 문제가 생길 것 같다는 생각이 앞선다.

③ 실제로 위험하지 않은 상황에서도 괜히 불안하거나 긴장한다.

④ 창피하거나 실수한 일을 오래도록 마음에 담아두고 자주 떠올린다.

▼점수가 낮은 경우
① 낙천적인 성향으로, 미래를 긍정적으로 바라본다.
② 걱정이 적고, 위축되지 않으며 침착하게 상황을 받아들인다.
③ 실수하거나 당황한 경험도 쉽게 잊고 일상으로 돌아온다.
④ 불확실한 상황에서도 '괜찮을 거야'라는 마음으로 편안함을 유지한다.

(2) HA2: 불확실성에 대한 두려움
▲점수가 높은 경우
① 새로운 환경이나 예측이 어려운 상황에서 불안과 긴장을 쉽게 느낀다.
② 변화가 잦은 상황에 잘 적응하지 못하고 스트레스를 받는다.
③ 일상의 안정성과 예측 가능성을 중요하게 여긴다.
④ 위험하거나 모험적인 상황은 피하고 조용하고 안전한 환경을 선호한다.

▼점수가 낮은 경우
① 대부분의 상황에서 자신감 있고 차분한 태도를 유지한다.
② 예측하기 어려운 변화도 자연스럽게 받아들이고 유연하게 적응한다.
③ 새로운 도전이나 모험에도 겁먹지 않고 시도하는 편이다.
④ 불확실성과 위험이 있어도 오히려 흥미롭게 느낄 수 있다.

(3) HA3: 낯선 사람에 대한 수줍음

▲점수가 높은 경우

① 사회적 상황에서 수줍음을 많이 타며 자기표현에 어려움을 느낀다.
② 처음 만나는 사람 앞에서 위축되고 주도적으로 행동하지 못한다.
③ 자신이 환영받을지에 대한 불확실성 때문에 대인관계를 회피하기도 한다.
④ 대체로 조심스럽고 관찰자로 머무르며 관계 형성에 시간이 오래 걸린다.

▼점수가 낮은 경우

① 새로운 사람을 만나는 것을 즐기고 친화력이 좋다.
② 낯선 상황에서도 자신 있게 말하고 행동할 수 있다.
③ 처음 만난 사람에게도 적극적으로 다가가며 관계를 쉽게 형성한다.
④ 사람들과의 상호작용에서 주도적이고 외향적인 모습을 보인다.

(4) HA4: 쉽게 지침/활기 넘침

▲점수가 높은 경우

① 쉽게 피로를 느끼고 에너지 수준이 낮은 편이다.
② 활동 후 회복이 더디며 자주 휴식이 필요하다고 느낀다.
③ 스트레스나 몸의 불편함에 민감하게 반응하고 쉽게 지친다.
④ 평소에도 기운이 없거나 무기력해 보일 수 있다.

▼점수가 낮은 경우
① 에너지가 많고 활동력이 뛰어나며 쉽게 지치지 않는다.
② 스트레스나 감기 같은 질병에서 빠르게 회복하는 편이다.
③ 장시간 집중하거나 활동하는 데 어려움이 없다.
④ 활력이 넘치고, 주변 사람들에게 '건강하고 정력적인 사람'으로 인식된다.

∨요약

하위 척도	높은 점수 특징	낮은 점수 특징
HA1: 예기불안	미래에 대해 미리 걱정, 실패·위험 가능성을 먼저 떠올림 당황한 경험을 오래 기억함	낙천적, 쉽게 걱정하지 않음 실수해도 금방 잊고 회복 빠름
HA2: 불확실성에 대한 두려움	새로운 상황, 예측 어려운 상황에 쉽게 불안 안정과 반복된 일상 선호	불확실한 상황에서도 차분함 변화에 유연하고 도전을 즐김
HA3: 낯선 사람에 대한 수줍음	낯선 사람에게 위축되고, 관계 형성에 소극적 자기 표현에 어려움	낯선 상황에서도 자신감 있음, 대인관계에 적극적이고 외향적
HA4: 쉽게 지침	에너지 낮고 피로를 쉽게 느낌 스트레스와 질병 회복이 느림	활기차고 정력적 스트레스나 질병에도 회복 빠르고 활동적

| 3장 |

사회적 민감성
(RD, Reward Dependence)

– 사회적 보상(칭찬 등)에 대한 반응의 정도

사람은 사회를 이루고 다른 사람과 관계를 맺으며 살아간다. 사람은 따뜻한 사회적 애착을 이루기 위해 사회적 보상 신호에 민감하게 반응하는 유전적인 경향성을 지니고 있다. 즉, 사회적 보상 신호(타인의 칭찬, 찡그림 등)와 타인의 감정(기쁨, 슬픔, 분노, 고통 등)을 민감하게 파악하고, 이에 따라 정서 반응이나 행동 반응이 달라진다. 사회적 보상에 대한 민감성 척도는 사회적 애착에 대한 의존성에서의 개인차, 다시 말하면 사회적 보상 신호와 타인의 감정에 대한 민감성에서의 개인차를 측정하기 위한 척도이다.

눈치 빠른 아이 vs. 고집 센 아이

"친구가 날 좋아할까?"
"이 말을 하면 싫어하지 않을까?"
"다른 애들은 다 그렇게 하던데…."
어떤 아이는 매사에 주변을 의식한다. 말 한마디, 표정 하나에 눈치를 보고 친구의 반응을 살피며 자기 행동을 결정한다. 이런 아이는 사회적 민감성(RD)이 높은 아이일 가능성이 크다.
반대로, "나는 내가 하고 싶은 대로 할 거야.", "그게 왜 중요해? 난 그냥 이게 좋아"라고 하는 아이는 사회적 민감성이 낮은 아이, 즉 타인의 반응에 크게 영향을 받지 않는 성향을 지닌 아이일 수 있다.
사회적 민감성은 말 그대로 '타인의 반응과 인정'에 얼마나 민감한가를 나타내는 기질이다. 이 성향은 아이의 친구 관계, 자기표현, 집단 내 행동 방식에 큰 영향을 미친다.

'인정 욕구'와 '눈치'는 같은 말이 아니다

사회적 민감성이 높은 아이들은 단지 눈치만 빠른 아이가 아니다. 이들은 다른 사람의 말이나 반응을 민감하게 감지하고, 그 반응에 따라 자신을 조절하려 한다. 핵심은 단순한 눈치가 아니라, '인정받고 싶은 마음'이다. 이런 아이는 다음과 같은 행동을 자주 보인다.
① 친구가 싫어할까 봐 자기 의견을 숨김
② 선생님이 칭찬해 주는 방향으로만 행동하려 함
③ "다른 애들은 다 그렇게 해요"라며 다수의 선택에 따름
④ 단체 놀이에서 소외당하는 걸 극도로 싫어함
즉, 이런 아이의 중심에는 늘 이런 질문이 하나 있다.
"지금 나, 괜찮은 사람으로 보일까?"

친구 관계 어려움의 두 가지 방향

(1) 너무 눈치 보는 아이(사회적 민감성 높은 경우)
이 아이는 다른 사람을 실망시키거나, 거절당하는 것에 대한 두려움

이 크다. 자기 생각이 있어도 참거나 양보하고, 때로는 억지로 맞춰주면서 감정을 억누르기도 한다. "싫다고 말하면 친구가 화낼까 봐 그냥 같이 놀았어요", "사실 저거 하기 싫었는데 친구가 하자고 해서…", "혼자 되기 싫어서 따라갔어요" 이런 아이는 표면적으로는 착하고 순응적이지만, 내면에는 억울함이나 불만이 쌓일 수 있다. 자신의 욕구를 누르는 습관이 생기면 나중에 자기표현의 어려움, 대인관계 스트레스로 이어질 수 있다.

(2) 다른 사람을 신경 안 쓰는 아이(사회적 민감성 낮은 경우)

이와 반대 유형의 아이는 자기중심성이 강하며, 타인의 감정이나 반응을 잘 인식하지 못하거나 중요하게 여기지 않는다. "그게 왜 문제야? 난 그냥 내 맘대로 할 거야", "싫으면 안 놀면 되지 뭐", "나는 나야. 친구 눈치 안 봐" 이런 아이는 때로는 솔직하고 당당하지만, 반면에 공감력 부족, 배려 부족, 독단적 태도로 또래 관계에서 갈등을 겪을 수 있다.

> [양육 가이드] - 감정 인정 + 독립성 훈련

(1) 사회적 민감성(RD) 높은 아이

"그럴 수 있어"로 감정 받아주기

이런 아이들은 내면에서 타인의 반응에 쉽게 상처받고 자존감이 외부 평가에 의존하는 경우가 많다. 부모는 아이의 감정에 공감하면서도 자기 감정의 주인이 되도록 돕는 태도가 필요하다. "친구가 싫어할까 봐 속상했구나", "너는 친구 관계를 중요하게 생각해서 그런 거야. 그건 좋은 점이야", "그런데 네 의견도 소중해. 다음엔 네 생각도 말해보면 어떨까?" 이처럼 감정을 인정해 주되, 아이가 자기주장과 관계의 균형을 연습할 수 있게 돕는 것이 중요하다.

(2) 사회적 민감성(RD) 낮은 아이
공감 능력과 타인 배려 훈련

자기 생각이 뚜렷한 아이는 분명한 장점이 있다. 그러나 때로는 상대방의 마음을 읽는 사회적 감수성이 부족할 수 있으므로 의도적 훈련이 필요하다. "친구는 그 말 들었을 때 어떤 기분이었을까?", "네 말이 맞더라도, 말투나 표정은 조심할 수 있어", "내가 하고 싶은 것만 하면 친구는 어떻게 느낄까?" 이런 질문을 자주 던지며 아이가 타인의 감정을 이해하고 존중하는 습관을 갖게 도와야 한다.

(3) 모두에게 필요한 훈련
거절과 충돌 연습

사회적 민감성(RD)이 높은 아이든 낮은 아이든, 관계 안에서 자신의 감정을 표현하고 갈등을 조율하는 연습은 꼭 필요하다. "싫다고 말해도 괜찮아. 대신 기분 나쁘지 않게 말하는 법을 배우면 돼", "친구랑 다투더라도, 다시 화해하는 법도 알게 될 거야", "모두가 나를 좋아할 순 없어. 그걸 받아들이는 것도 중요해" 아이에게 거절당해도 무너지지 않는 마음, 자신의 의견을 말할 수 있는 용기, 관계를 회복하는 기술을 가르치는 것이 진짜 사회성 교육이다.

사회성은 '착한 아이'가 되는 게 아니다

사회적 민감성(RD)이 높은 아이는 타인의 마음을 읽고 공감할 줄 아는 아이다. 하지만 그 민감성이 자칫하면 '내가 싫어 보일까 봐', '거절당할까 봐' 등 자신을 숨기는 방향으로 흐를 수 있다. 반대로 RD가 낮은 아이는 자기 생각이 분명하고 당당하지만, 사회적 배려와 감정 조율이 부족할 수 있다. 사회적 민감성은 고치거나 평가할 대상이 아니라, 이해하고 조율해줘야 할 기질이다. 우리 아이가 어떤 성향이든 중요한 건 자신의 감정을 이해하고, 타인의 감정도 존중하며, 자기다운 관계를 맺는 힘을 기르는 것이다.

사례 예시

① 높은 RD 아이: 지후는 엄마의 표정만 봐도 기분을 알아차린다. 친구의 기분도 잘 읽지만, 상대에게 맞추느라 스트레스를 받는다.
② 낮은 RD 아이: 예나는 친구가 불편해해도 자신의 주장을 끝까지 밀어붙이고 눈치가 없다며 오해받기도 한다.

부모 질문지

- 아이가 다른 사람 기분을 잘 파악하나요?
- 타인의 평가에 민감하게 반응하나요?
- 친구 관계에서 자주 눈치를 보거나 불편해 하나요?

양육 실천 워크북

활동: '표정 카드 놀이' 여러 사람의 표정을 보고 감정을 추측하고 말

해보기
감정 표현 연습장: '내 감정, 네 감정 구별하기'
미션: '오늘은 나의 진짜 생각 말하기' 연습

정리

▲RD 점수가 높은 경우

특성: 이 척도에서 점수가 높은 사람은 마음이 여리고 따뜻하며, 타인에게 애정이 많고 정서적으로 민감한 성향을 보인다. 다른 사람과의 교류를 좋아하고 사회적 접촉에 열려 있으며, 누군가의 고통에 공감하거나 감정을 공유하는 일에 거리낌이 없다. 새로운 환경에 처하더라도 금세 자신이 좋아할 수 있는 사람을 찾고, 정서적 유대감을 형성하려는 경향이 강하다.

장점: 이러한 특성 덕분에 이들은 사회적 신호에 민감하고 타인의 감정을 잘 이해할 수 있으며, 따뜻한 대인관계를 쉽게 맺는다. 정서적 공감 능력과 대인 친화력이 뛰어나 팀워크가 필요한 상황에서도 협력적인 태도를 유지한다.

단점: 하지만 반대로, 타인의 감정이나 반응에 과도하게 영향을 받으면서 자신의 감정이나 견해를 잃기 쉽다. 주변의 평가나 감정 변화에 민감해, 스스로 객관적인 판단을 내리기 어려워지는 경우도 많다.

▲RD 점수가 낮은 경우

특성: 이 척도에서 점수가 낮은 사람은 실용적이고 독립적인 성향을 보이며, 타인의 감정이나 사회적 신호에 둔감하거나 무관심한 경

우가 많다. 혼자 있는 것을 불편해하지 않고, 다른 사람과의 감정적 교류를 먼저 시도하는 경우는 드물다. 오히려 남들과 일정한 거리를 두는 것이 편하며, 새로운 사람과 감정적으로 가까워지는 일에 신중하거나 회피적일 수 있다.

장점: 이들은 감성적 설득에 휘둘리지 않고, 정서적으로 독립적이어서 감정에 흔들리지 않는 객관적인 판단을 유지한다. 타인의 평가에 예민하지 않기 때문에, 감정적 이유보다 이성적·사실적 근거에 따라 행동하는 경우가 많다.

단점: 하지만 이런 특성은 대인관계 측면에서는 불리하게 작용할 수 있다. 사회적 단서에 대한 민감도가 낮아서, 상대방의 감정을 이해하거나 공감하는 능력이 떨어질 수 있으며, 그로 인해 인간관계에서 오해를 사거나 고립감을 느낄 때도 있다.

높은 사람	낮은 사람
동점심 많은	감정에 쉽게 영향을 안 받는
따뜻한	정서적으로 차가운
감수성이 예민한	둔감하고 실용적인
감정이 쉽게 변하는	혼자 지내는
마음을 여는	거리를 두고 떨어져 지내는
의존적인	독립적인

사회적 민감성(Reward Dependence)의 하위척도

> RD1: 정서적 감수성
> RD2: 정서적 개방성
> RD3: 친밀감/거리두기
> RD4: 의존/독립

(1) RD1: 정서적 감수성

▲점수가 높은 경우

① 감정에 예민하고 남의 고통이나 기쁨에 쉽게 공감한다.
② 슬픈 영화나 이야기에 쉽게 눈물이 나며, 감성적 호소에 잘 반응한다.
③ 타인의 감정을 마치 자기 일처럼 깊이 느껴 따뜻한 사람이라는 인상을 준다.

▼점수가 낮은 경우

① 감정보다는 이성이나 현실적인 판단을 중시한다.
② 감성적인 장면에도 크게 반응하지 않으며, 감정 표현이 적다.
③ 냉정하고 무심하게 보일 수 있으며, 대인관계에서 거리감을 줄 수 있다.

(2) RD2: 정서적 개방성

▲점수가 높은 경우

① 감정이나 경험을 솔직하게 표현하며, 낯선 사람에게도 쉽게 마음을 연다.

② 새로운 사람들과 잘 어울리고 사회적 관계를 활발히 만든다.
③ 사교적이고 개방적인 성향으로 주변에 활기를 주는 편이다.

▼점수가 낮은 경우
① 감정을 잘 드러내지 않고 속마음을 숨기려는 경향이 있다.
② 낯선 사람과의 친밀한 관계 형성에 시간이 걸리며, 조심스러운 태도를 보인다.
③ 사회적 활동보다는 혼자 있는 시간을 편하게 느끼고, 조용한 성향으로 보인다.

(3) RD3: 친밀감/거리두기

▲점수가 높은 경우
① 혼자 있는 것보다는 누군가와 함께 있는 걸 선호한다.
② 가까운 사람과 감정이나 경험을 공유하려는 욕구가 강하다.
③ 따뜻하고 지속적인 인간관계를 유지하며, 타인의 반응에 민감하다.

▼점수가 낮은 경우
① 사회적 관계보다 개인적인 독립성과 거리를 중시한다.
② 내면의 감정을 타인과 쉽게 공유하지 않으며 혼자 있는 걸 편안하게 여긴다.
③ 타인과 정서적으로 거리를 두는 모습으로, 무심하거나 독립적인 인상을 준다.

(4) RD4: 의존/독립

▲점수가 높은 경우

① 타인의 인정이나 지지가 있어야 하며, 비판에 민감하게 반응한다.
② 혼자 결정하는 데 어려움을 느끼고, 누군가에게 보호받고 싶어 한다.
③ 상대를 기쁘게 하려고, 자신의 욕구를 포기하는 예도 있다.

▼점수가 낮은 경우

① 타인의 시선이나 비판에 크게 신경 쓰지 않고, 자기 생각을 우선시한다.
② 정서적 지지 없이도 독립적으로 생활하며, 사회적 압력에 잘 흔들리지 않는다.
③ 자립적이고 자기주장이 뚜렷한 사람으로 보인다.

V 요약

하위 척도	높은 점수 특징	낮은 점수 특징
RD1: 정서적 감수성	감정에 예민, 공감 능력 뛰어남, 감성적 호소에 잘 반응	현실적, 감정 표현 적음, 타인 감정에 무관심해 보일 수 있음
RD2: 정서적 개방성	감정 표현에 솔직, 새로운 사람과 쉽게 친해짐	자기 노출 적고 조심스러움, 대인관계 형성에 시간 필요
RD3: 친밀감/거리두기	친밀한 관계를 선호, 감정 공유를 즐김, 타인 반응에 민감	독립적, 혼자 있는 걸 선호, 감정 공유를 피함
RD4: 의존/독립	타인 지지에 의존, 인정 욕구 강함, 비판에 민감	자율적, 타인 시선에 덜 영향 받음, 정서적으로 독립적

| 4장 |

인내력
(P, Persistence)

– 강화(보상)와 관계없이 지속하려는 지속성 정도

사람은 지속적인 강화가 없더라도 한 번 보상된 행동을 일정한 시간 동안 꾸준히 지속하려는 유전적인 경향성을 지니고 있다. 즉, 미래의 보상이 예상되지만 지금 당장은 보상이 주어지지 않거나 간헐적으로만 보상이 주어지거나 심지어 간헐적인 처벌이 주어지더라도, 사람은 한번 시작한 행동을 계속하려는 성향을 보인다. 인내력 척도는 이러한 기질적 성향에서의 개인차를 측정하기 위한 척도이다.

끈기 있는 아이 vs. 싫증 많은 아이

"이거 너무 어려워."
"재미없어. 안 할래."
"왜 이걸 또 해? 아까 했잖아!"
무언가를 끝까지 하려는 아이도 있지만, 조금만 어려워도 포기해 버리는 아이도 있다. 이 두 아이의 차이는 단순한 의지력이나 성격의 문제가 아닐 수 있다. 바로 기질 중 하나인 인내력(Persistence)의 차이 때문이다.

인내력은 지속적으로 과제에 몰입하고, 어려움이 있어도 포기하지 않고 끝까지 해내려는 성향을 말한다. 이 성향은 아이의 학습 태도, 집중력, 스트레스 대처 방식 등 여러 방면에서 중요한 역할을 한다.

집중력, 반복 내성, 과제 지속력, 그게 다 인내력
(1) '인내력이 높은 아이'는 이런 특징을 보인다.
① 퍼즐 하나를 끝까지 붙들고 있는 아이
② 실패해도 다시 도전하는 아이
③ 반복 활동(같은 그림 그리기, 블록 맞추기 등)을 즐기는 아이
④ 자신이 흥미 있는 일은 오래 집중할 수 있는 아이

(2) 반대로 '인내력이 낮은 아이'는 이런 모습이다.
① 조금만 어려워도 "몰라!"하며 포기
② 게임, 영상 등 즉각적 자극은 좋아하지만, 과제나 숙제는 금세 싫증 냄
③ 반복 활동이나 익숙한 과제는 '지겨워요'라며 거부
④ 어려움이 생기면 쉽게 짜증을 냄

이처럼 인내력은 '끈기'와 '과제 지속력'의 기질적인 토대가 된다. 아이마다 선천적으로 차이가 있으며, 이 성향을 바탕으로 아이를 이해하고 지도해야 한다.

끈기 있는 아이 vs. 싫증 많은 아이

(1) 끈기 있는 아이(P 높은 아이)

이 아이는 마치 블록을 정성껏 하나하나 쌓아가는 것처럼, 한 가지 일에 몰입하고 반복을 견디는 힘이 있다. "한 번 더 해볼래요!", "이번엔 좀 더 잘할 수 있을 것 같아요", "다시 해보고 싶어요" 성취욕이나 몰입감이 강하며, 실패해도 곧바로 좌절하지 않는다. 대신 조금씩 나아지는 과정 자체에서 즐거움을 느끼는 경향이 있다.

(2) 싫증 많은 아이(P 낮은 아이)

이 아이는 새로운 자극에는 민감하게 반응하지만, 흥미를 금세 잃고 반복되는 상황에 잘 견디지 못한다. "지겨워요. 딴 거 해요", "이건 왜 또 해요? 다른 거 하고 싶어요", "몰라요. 그냥 포기할래요" 특히, 학습 과제나 연습이 필요한 활동에서 집중력 저하, 과제 회피, 짜증으로 연결되기 쉽다. 이 아이는 종종 '산만한 아이', '집중을 잘 못하는 아이'로 오해받기도 한다. 하지만 본질은 반복과 실패를 견디는 힘이 약한 것일 수 있다.

인내력이 낮은 아이에게 꼭 필요한 환경

이런 아이에게는 의외로 '쉬운 성공'이 아니라 '작은 실패'가 더 중요하다. 언제나 금방 해내는 쉬운 과제만 주어지면, 실패에 대한 면역력이 생기지 않는다. 약간의 도전과 실패를 경험하고도 버티고 다시 해보는 과정이 아이를 강하게 만든다. 실패를 겪지 않고 자란 아이는 어느 순간 자기 능력을 의심하거나 좌절을 크게 느낄 수 있다. 반대로, 실패를 해보고 다시 일어서는 훈련을 받은 아이는 실패를 '부끄러운 일'이 아닌 '지나가는 과정'으로 여긴다. "어려웠지만 끝까지 해봤다"라는 경험이 인내력의 근육을 키운다.

> [양육 가이드] – '실패해도 괜찮아' 훈련법

(1) 결과보다 과정을 칭찬하자.

인내력이 낮은 아이는 성취보다는 과정에서 지치거나 포기하기 쉽다. 이때 중요한 건 결과가 아니라, 도전하고 노력한 그 자체를 인정하는 것이다.

× "이걸 다 해냈네! 역시 똑똑해!"
∨ "포기하지 않고 끝까지 해봤구나. 멋지다!"
∨ "어렵다고 했지만, 다시 시도했네. 그 용기가 대단했어."

아이의 끈기를 자극하려면 '결과 중심 칭찬'보다 '과정 중심 피드백'이 필요하다.

(2) 실패에 대한 감정을 말하게 하자.

아이에게 실패는 자존감의 위기처럼 느껴질 수 있다. "난 못해", "난 바보야" 이와 같은 말을 할 때, 그냥 "그런 말 하지 마"라고 넘기기보다 감정을 말로 표현하고 받아주는 연습이 필요하다.

∨ "속상했구나. 잘하고 싶었는데 결과가 마음처럼 안 됐지."
∨ "실패했다고 느낄 수 있어. 그런데 그건 누구나 겪는 일이야."
∨ "다음엔 어떻게 하면 좀 더 나아질 수 있을까? 같이 생각해 보자."

부모가 먼저 실패에 대한 두려움을 낮춰줘야 아이도 실패를 두려워하지 않는다.

(3) 작은 실패를 자주 경험하게 하자.

실패는 일상에서 조금씩 익힐 수 있는 감정 훈련이다. 예를 들어,
- 어려운 퍼즐 문제를 일부러 주기
- 3번 안에 못 맞히면 다음 기회로 넘기기
- 집안일 중 실수가 나올 수 있는 활동(요리, 정리)을 맡기기

이런 작은 실패들을 반복하면서도 부모가 곁에서 지지해 주면, 아이는 자연스럽게 실패를 견디는 힘을 갖게 된다.

아이의 인내력은 반복을 통해 자란다

인내력이 높은 아이는 주어진 과제에 몰입하고, 실패도 자산으로 삼을 줄 안다. 반면, 인내력이 낮은 아이는 즉각적인 자극에 더 반응하면서, 반복과 지루함을 참기 어려워한다. 그러나 인내력은 타고난 기질이지만, 충분히 환경과 경험을 통해 길러질 수 있는 자질이다. 부모가 도와야 할 것은 '끈질기게 하라고 다그치는 것'이 아니라, 포기하지 않고 다시 도전해 보는 마음의 근육을 천천히 키워주는 일이다. "실패해도 괜찮아"라는 메시지에 아이의 끈기가 자란다.

사례 예시

① 높은 P 아이: 수찬이는 블록을 무너뜨려도 다시 몇 시간이고 쌓는다. 한 가지에 집중하면 끝을 본다.

② 낮은 P 아이: 유리는 퍼즐을 시작하고 5분 만에 "재미없어"하고 자리를 뜬다. 실패에 민감하고 쉽게 포기한다.

부모 질문지

- 아이가 한 가지 활동을 얼마나 오래 지속하나요?
- 새로운 일을 시도할 때 실패를 두려워하나요?
- 반복하거나 실수할 때 화를 내거나 회피하나요?

양육 실천 워크북

활동: '인내력 보물 지도', 과제를 단계별로 나누고, 완료할 때마다 보물 스티커 붙이기

감정 일기장: '실패해도 괜찮아!' 일기

미션: '5분 더 해보기 챌린지' 하기 싫어도 5분만 더 버텨보기

정리

▲P 점수가 높은 경우

특성: 매우 부지런하고 성실하며, 좌절과 피로에도 굴하지 않고 꾸준히 노력하는 경향이 있다. 일을 주면 빠르게 시작하고, 미루지 않으며, 오히려 도전 과제로 받아들여 더 열심히 몰입한다. 실패나 비판이 있어도 쉽게 포기하지 않고, 오히려 더 강한 동기로 작용하기도 한다. 보상이 기대되는 상황에서는 더욱 높은 동기와 집중력을 보인다. 이들은 성취 지향적이며, 일에 몰입하는 데 거리낌이 없고, 종종 완벽주의적 성향과 일 중독적 성향도 함께 보인다. 또한, 새로

운 방식보다는 과거에 성공했던 방식에 고집스럽게 매달리는 경향이 있어 변화에 융통성이 부족할 수 있다.

장점: 높은 끈기와 집중력으로 장기적인 과제를 성취하는 데 유리하다. 좌절이나 실패 앞에서도 쉽게 무너지지 않으며, 책임감과 성취욕이 강하다. 조직 내에서 신뢰받는 일꾼으로 인정받을 가능성이 높다.

단점: 변화가 잦거나 보상이 예측되지 않는 환경에서는 지나친 고집과 융통성 부족이 문제가 될 수 있다. 완벽을 추구하는 과정에서 스트레스나 번아웃을 겪을 가능성이 높다. 일에 과도하게 몰입함으로써 인간관계나 개인 생활이 소홀해질 수 있다.

▼P 섬수가 낮은 경우

특성: 일반적으로 게으르거나 비활동적으로 보일 수 있으며, 일관된 노력을 기울이기보다는 쉬운 성취에 만족하려는 경향이 있다. 해야 할 일을 미루거나 최소한의 노력으로 끝내려 하며, 어려움이 있는 과제에는 쉽게 흥미를 잃는다. 보상이 확실히 주어지는 상황에서도 노력이나 끈기를 보이지 않는 경우가 많다. 이들은 실용주의적인 태도를 보이며, 언제든 타협할 준비가 되어 있고, 자신에게 큰 부담이 되는 목표보다는 현실적인 수준의 결과에 안주하려는 성향이 있다.

장점: 급변하는 상황에서 융통성 있게 대응할 수 있으며, 불필요하거나 과도한 노력은 피할 수 있다. 비효율적인 고집이나 완벽주의에서 벗어나 스트레스가 적다. 실용적 판단과 에너지 절약 측면에서 효율적인 선택을 할 수 있다.

단점: 성취 지연형 과제에서는 쉽게 포기하거나 일관된 노력을 기울이지 않아 결과가 낮을 수 있다. 자신이 가진 잠재력에 비해 실제로 달성하는 성과가 적은 경우가 많다. 꾸준함이 요구되는 직무나 관계에서 신뢰를 얻기 어렵고, '의지가 약한 사람'으로 평가받을 수 있다.

높은 사람	낮은 사람
부지런한	게으른
끈기 있는	의자가 약한
성취에 대한 야망이 있는	야망이 없는
성공을 위해 많은 희생을 함	능력보다 더 적게 성취함
완벽주의자	실용주의자

인내력(Persistence)의 하위척도

P1: 근면
P2: 끈기
P3: 성취에 대한 야망
P4: 완벽주의

(1) P1: 근면

▲점수가 높은 경우

① 맡은 일에 성실하게 임하고, 끝까지 완수하려는 경향이 있다.
② 쉽게 지치지 않고 꾸준히 노력하는 태도를 보인다.
③ '부지런하고 책임감 있는 사람'으로 인식되며, 스스로에게도 엄격하다.

▼점수가 낮은 경우

① 하기 싫은 일이나 힘든 일을 피하고 미루는 경향이 있다.

② 금방 지치거나 싫증을 느껴 지속적인 노력이 어렵다.

③ 종종 '게으르다', '의지가 약하다'는 평가를 받기도 한다.

(2) P2: 끈기

▲점수가 높은 경우

① 어려움이나 실패를 겪어도 쉽게 포기하지 않는다.

② 하나의 일에 끝까지 매달리며 성취하려는 의지가 강하다.

③ 스트레스 상황에서도 감정적으로 무너지지 않고 잘 견딘다.

▼점수가 낮은 경우

① 실패나 비판에 쉽게 흔들리고 금방 포기한다.

② 목표에 도달하기 전에 지치거나 포기하는 일이 잦다.

③ 반복적인 시도나 노력 자체를 귀찮아하고 회피한다.

(3) P3: 성취에 대한 야망

▲점수가 높은 경우

① 자신의 가능성을 높이 평가하며 큰 목표를 세우는 경향이 있다.

② 경쟁 상황이나 도전에서 동기부여를 받는다.

③ 성취와 성공을 통해 자신을 증명하려는 욕구가 강하다.

▼점수가 낮은 경우
① 성취에 대한 욕구가 낮고, 도전보다 회피를 선호한다.
② 경쟁이나 비교 상황을 피하고 싶어한다.
③ 스스로의 역량이나 가능성을 낮게 평가할 수 있다.

(4) P4: 완벽주의

▲점수가 높은 경우
① 실수 없이 완벽하게 해내려는 강한 욕구를 보인다.
② 사소한 오류도 민감하게 받아들이고 수정하려 한다.
③ 높은 기준을 자신에게 적용하며, 세밀하고 철저한 성격으로 인식된다.

▼점수가 낮은 경우
① 대충 해도 괜찮다고 생각하며 세부 사항에 무관심한 편이다.
② 결과보다 과정을 즐기거나 '적당히 만족하는' 성향을 보인다.
③ 지나친 자기 검열은 없지만, 때때로 '허술하다'는 평가를 받을 수 있다.

∨ 요약

하위척도	설명	높은 경우의 특징	낮은 경우의 특징
P1: 근면	성실하고 꾸준한 태도	맡은 일을 끝까지 해냄, 수고를 아끼지 않음	쉽게 지침, 일을 미룸
P2: 끈기	어려움 속에서도 포기하지 않는 힘	실패에도 계속 도전, 높은 회복력	쉽게 포기, 장애물에 약함
P3: 성취에 대한 야망	높은 목표를 향한 욕구	성과에 강한 동기, 도전적	욕심 적음, 목표가 모호함
P4: 완벽주의	기준에 도달하기 위해 반복하는 성향	결과에 철저, 높은 자기 통제	과도한 집착, 자기 검열 강함

5장
자기 주도성/자율성
(SD, Self-Directedness)
– 자기 목표 설계 및 관리, 통제 등의 자율성 정도

자율성 척도는 자신을 '자율적 개인'으로 이해하고 동일시하는 정도를 측정한다. 이 척도에서 점수가 높은 사람일수록, 자율성에 높은 가치를 부여하며 자신을 자율적 개인으로 이해하고 또한 자율적 개인이 되고자 노력한다. 자율성은 자기 결정력과 의지력의 두 가지 기본 개념에 기초한다. 즉, 자율성이란 자신이 '선택한' 목표와 가치를 이루기 위하여(자기 결정력) 자기 행동을 상황에 맞게 통제, 조절, 적응시키는 능력(의지력)이라고 정의될 수 있다.

스스로 하는 아이 vs. 의존적인 아이
"엄마, 이거 어떻게 해?"
"그냥 해줘요. 귀찮아요."
"나는 못해요. 실수하면 혼날 거잖아요."
부모의 눈에 '이 아이, 너무 의존적이 아닌가?' 싶은 순간들이 있다. 반면, 스스로 준비하고, 결정하고, 실수도 받아들이는 아이들을 보면 대견하게 느껴진다.

이 두 아이의 차이는 단순한 습관이나 성격의 문제가 아니라, TCI 기질-성격 이론에서 말하는 자기 주도성(SD, Self-Directedness)이라는 성격 요인과 깊은 관련이 있다.

자기 주도성은 '성격'이다, 타고나는 것이 아니라 '길러지는 힘'
우리가 앞서 다뤘던 '인내력(P)'이나 '자극추구(NS)'처럼 기질은 선천적이다. 하지만 자기 주도성(SD)은 후천적으로 길러지는 성격 자질이다. 즉, 아이가 자라면서 어떤 방식으로 결정하고, 행동하고, 책임지는지를 경험하면서 만들어지는 심리적 힘이라는 뜻이다. 이 성격은 주로 유아기부터 아동기 사이에 집중적으로 형성되며, 부모가 아이에게 어떤 기회를 주느냐에 따라 크게 달라진다.

스스로 하는 아이 vs. 의존적인 아이
(1) 스스로 하는 아이(SD 높은 아이)
① 아침에 스스로 옷을 고르고 입으려 한다.
② 놀잇감이나 책을 정리·정돈하려고 시도한다.
③ 선택의 순간에 "나는 이걸 하고 싶어"라고 말할 수 있다.
④ 실수했을 때 도망치기보다는, 스스로 고치려 한다.
⑤ 과제를 할 때, "어떻게 할까?" 스스로 생각하고 실행에 옮긴다.
이 아이는 자기 결정과 자율성의 즐거움을 이미 체험하고 있다. 그래서 스스로 하고 싶어 하는 마음이 행동으로 자연스럽게 이어진다.

(2) 의존적인 아이(SD 낮은 아이)

① 항상 "엄마가 해줘요", "이거 어떻게 해요?"라는 말을 자주 한다.
② 옷 고르기, 정리하기 등 작은 일도 시도하기보다는 회피한다.
③ 실패에 대한 두려움이 크고, 선택 자체를 피하려 한다.
④ 무언가 하려 하면 "그거 하지 마. 아직 어려워"라는 말을 자주 들어왔다.
⑤ 부모의 지시 없이는 주도적으로 움직이지 않는다.
이 아이는 선택하거나 주도한 경험보다 지시받고 따르는 경험이 더 많다. 그래서 주체적으로 행동하려는 힘이 아직 약하고, 실수에 대한 두려움도 크다.

자기 주도성은 '시도와 책임'의 반복에서 자란다

자기 주도성은 '할 수 있게 해주는 환경'이 있을 때 자란다. 아이의 주도성 발달에서 가장 중요한 것은 다음 두 가지다.
① 시도해 보는 기회
② 결과에 책임지며 배우는 경험
예를 들어, 어떤 옷을 입을지, 무얼 먹을지, 어떤 활동을 할지 등 일상 속의 작은 선택들이 "너의 선택이 중요하다"라는 메시지를 주며 주체성을 키워주는 시작점이 된다.
하지만 많은 부모는 아이가 실수할까 봐, 힘들어할까 봐 미리 다 해주거나 대신 결정한다. "그거 하면 감기 걸릴까 봐 안 돼", "그건 어렵지. 그냥 이거 해", "시간 없으니까 내가 해줄게", "네가 뭘 알아서 해. 엄마가 정해줄게" 이런 보호는 결국 아이의 '결정하고 행동할 기회'를 뺏는 결과가 된다.

〔유아기~아동기〕-자기 주도성(SD) 발달의 황금기

자기 주도성은 나이가 많아졌다고 저절로 생기지 않는다. 오히려 유아기~아동기에 이 기회를 충분히 경험하지 못하면, 중·고등학생이 되어서도 스스로 결정하거나 실천하는 힘이 부족할 수 있다. 아이가 하는 모든 행동을 통제, 감독, 개입하는 방식으로 키우면, 아이의 내면에는 다음과 같은 마음이 자리 잡는다.

- "나는 누군가가 알려줘야만 움직일 수 있어."
- "내 선택은 틀릴 수 있으니 피하는 게 나아."
- "책임지기 싫으니 남이 정해준 게 편해."

이렇게 자란 아이는 학업, 친구 관계, 진로 결정, 자율 활동 등에서 늘 누군가의 지시나 기준을 기다리게 된다.

〔양육 가이드〕-시도하게 두고, 책임 묻기

(1) 선택의 기회를 자주 주자.

작은 선택을 반복하는 경험이 '나는 결정할 수 있다'라는 '자기효능감'을 키운다.

- "오늘은 어떤 옷을 입고 싶어?"
- "두 가지 간식 중 어떤 걸 고를래?"
- "시간이 30분 남았는데, 책 읽을까? 블록 놀이 할까?"

단, 선택지를 제한해서 주면, 아이도 부담 없이 선택할 수 있다.
예: "뭐 할래?"보다 "이거랑 이 중에 하나 고를래?"

(2) 실수해도 개입하지 말고 기다리자.

아이의 선택이 실수로 이어질 때, 당장 개입하기보다 결과를 느껴보게 하고, 그 경험을 나누는 것이 중요하다.

예: 두꺼운 옷이 덥다고 안 입고 나갔는데, 바람이 불자 춥다고 했다. → "다음엔 어떻게 입으면 좋을지, 다음에 같이 생각해 보자."

실수는 배움의 기회다. 실수할 때마다 정답을 알려주기보다는, 아이의 생각을 묻고, 다음을 함께 고민하는 방식으로 접근해야 한다.

(3) 책임을 묻되, 정서적으로 지지하자.

책임을 묻는다는 건 '혼낸다'라는 뜻이 아니다. '내가 선택한 결과를 받아들이는 훈련'이 바로 책임 교육이다.

- "네가 결정한 일이니, 그만큼 책임질 수 있을 거야."
- "어떤 결과가 나왔든, 그건 네가 잘 해보려 한 거니까 괜찮아."
- "실수했어도 괜찮아. 그건 중요한 경험이야."

이렇게 말해주는 부모 밑에서 아이는 자기 결정이 안전하다는 감각을 갖게 되고, 다음에도 스스로 해보겠다는 동기가 자연스럽게 자란다.

주도성은 아이의 '내적 성장'을 여는 문

아이에게 스스로 선택하고 실천하는 경험은 단지 행동의 문제가 아니다. "나는 내가 내 삶의 주인이다"라는 자아 감각, 바로 이것이 자기 주도성의 핵심이다. 의존적인 아이는 늘 누군가에게 길을 묻고, 실수를 두려워하며, 결정하기를 피하는 삶에 익숙해진다. 반면, 스스로 해보며 실수해도 다시 일어서는 아이는 삶의 주도권을 자기 손에 쥐고 살아갈 수 있다. "그건 네가 결정해도 괜찮아"라는 한마디가 아이에게는 세상을 이끌어갈 수 있다는 믿음이 된다.

사례 예시

① 높은 SD 아이: 다온이는 스스로 준비물을 챙기고 실수도 자기 책임이라 인정한다. 엄마가 도우려 하면 "내가 해볼게!" 한다.
② 낮은 SD 아이: 시우는 항상 엄마가 챙겨줘야 하고, 실패를 두려워하며 책임 회피를 자주 한다.

부모 질문지

- 아이가 스스로 무언가를 계획하거나 실행하나요?
- 부모의 지시 없이도 선택하고 결정하나요?
- 실수했을 때 책임을 회피하나요?

양육 실천 워크북

활동: '오늘의 선택권 주기', 아침 옷 고르기, 간식 고르기 등
자기 주도 미션 카드: 스스로 해볼 일을 정하고 체크하기
미션: '책임 카드' 실수 후 사과, 해결 방법 찾기까지 스스로 해보기

정리

▲SD 점수가 높은 경우
특성: 성숙하고 강하며 자족적이다. 책임감이 있고 믿을 만한 사람으

로 기술된다. 이들은 목표 지향적이고 건설적이며, 대인관계에서 통솔하는 위치에 있을 때 잘 통합된 면을 보인다. 자존감이 높고 자신을 신뢰하며, 자신이 선택한 목표에 맞게 자기 행동을 조절할 수 있는 능력을 지닌다. 또한, 권위 있는 타인으로부터 자신의 가치와 어긋나는 명령을 받을 때, 이에 따르기보다는 도전하려는 경향이 있다.

장점: 자신이 중요하게 여기는 가치를 중심으로 삶의 방향을 설정하고, 스스로 목표를 계획하며 달성해 나간다. 외부 상황에 흔들리지 않고 자기 신념에 따라 행동하는 안정된 태도를 지닌다. 책임감이 강하고 자율적이어서, 리더십이 요구되는 상황에서 유능한 모습을 보이기도 한다.

단점: 자신이 정한 가치나 방향이 분명할 경우, 타인의 지시나 기대에 유연하게 반응하지 못해 '고집스럽다', '융통성이 없다'라는 평가를 받을 수 있다. 자기 주도성이 과도할 경우, 협동적인 관계보다는 독립적인 태도가 강조되어 타인과의 마찰을 겪을 수 있다. 권위나 규범에 저항하는 경향이 강할 경우, 때때로 다루기 힘든 '반항적' 인상으로 비칠 수 있다.

▼SD 점수가 낮은 경우

특성: 미성숙하고 약하며 상처받기 쉽다. 남을 원망하거나 비난하는 경향이 있으며, 비효율적이고 책임감이 부족하다는 인상을 준다. 내적으로 조직화된 원칙이 부족해 의미 있는 목표를 정의하고 추구하는 데 어려움을 보인다. 사소하고 단기적인 자극에 따라 반응하거나 행동하며, 외부의 요구나 압력에 쉽게 휘둘리는 경향이 있다.

장점: 주변 사람의 요구나 감정에 민감하게 반응할 수 있어 순응적이거나 착한 아이로 보일 수 있다. 외부의 지시나 구조가 있을 때는 비교적 안정적으로 기능할 수 있다. 규칙과 권위를 수용하는 태도를 보이며, 위험한 도전을 시도하지 않는다.

단점: 자기 삶의 방향을 능동적으로 설정하지 못하고, 타인의 기대나 상황 변화에 따라 흔들리는 모습을 보인다. 책임감 부족, 반복적인 후회, 감정적 반응 등으로 인해 '미성숙하다'라는 평가를 받을 수 있다. 장기적인 목표 추구 능력이 약하여 계획 없이 즉흥적으로 행동하거나, 자기실현에 어려움을 겪는다.

높은 사람	낮은 사람
책임감 있는	목적의식이 없는
지원이 풍부한	무능한
자기를 수용하는	공허한
잘 훈련된	훈련이 안 된

자율성(Self-Directedness)의 하위척도

> SD1: 책임감/책임전가
> SD2: 목적의식
> SD3: 유능감/무능감
> SD4: 자기수용/자기불만
> SD5: 자기일치

(1) SD1: 책임감/책임전가

▲점수가 높은 경우

① 자기 행동과 선택에 책임을 지는 태도를 보인다.

② 실수를 인정하고 개선하려는 자세를 지닌다.
③ 주변 탓보다 자기반성을 우선하며, 신뢰를 얻는 사람으로 평가된다.

▼점수가 낮은 경우
① 일이 잘못되면 남의 탓을 먼저 하며 책임을 회피한다.
② 실수에 대해 부정하거나 외면하고 변명하려는 경향이 있다.
③ 책임을 회피하는 모습 때문에 신뢰받기 어렵다.

(2) SD2: 목적의식

▲점수가 높은 경우
① 삶에 명확한 목표와 방향이 있으며, 그것을 향해 꾸준히 나아간다.
② 단기적인 유혹보다 장기적 가치를 우선시한다.
③ 어려움 속에서도 삶의 의미를 찾고 이를 유지한다.

▼점수가 낮은 경우
① 삶의 방향이나 목표가 불분명하고, 충동적이다.
② 순간적인 기분이나 환경에 쉽게 흔들린다.
③ 장기적인 계획보다는 당장의 편안함을 우선시한다.

(3) SD3: 유능감/무능감

▲점수가 높은 경우
① 스스로 문제를 해결할 수 있다는 신념과 능력을 갖고 있다.

② 독립적이며, 스스로 결정하고 실행에 옮기는 데 주저함이 없다.
③ 새로운 과제 앞에서도 자신감을 유지한다.

▼점수가 낮은 경우
① 무기력감을 자주 느끼며, 작은 일에도 의존하려는 경향이 있다.
② 결정이나 행동에 있어서 소극적이고 주저한다.
③ 새로운 일을 시도할 때 쉽게 불안해하거나 회피한다.

(4) SD4: 자기수용/자기불만

▲점수가 높은 경우
① 자신을 있는 그대로 받아들이며 긍정적인 자아상을 유지한다.
② 단점이 있더라도 그것을 포함한 '나'를 인정한다.
③ 비난보다는 개선을 위한 노력을 선택한다.

▼점수가 낮은 경우
① 자기비판이 심하고, 사소한 실수에도 자책한다.
② 스스로에게 관대하지 못하고 자존감이 낮다.
③ 자기혐오로 인해 타인과의 관계에서도 위축된다.

(5) SD5: 자기일치(Self-Actualizing Integration)

▲점수가 높은 경우
① 자신의 가치, 목표, 행동이 일관되고 조화롭다.
② 내적 갈등이 적고 통합된 자아감을 지닌다.

③ 자율적이며 의미 있는 삶을 추구한다.

▼점수가 낮은 경우
① 가치와 행동 사이에 불일치가 많고 내면의 갈등을 자주 겪는다.
② 외부의 기준에 따라 살아가며 자기 삶에 주체성이 부족하다.
③ 자아정체감이 불분명하고, 삶의 방향성에 혼란을 겪는다.

∨ 요약

하위척도	설명	높은 경우의 특징	낮은 경우의 특징
SD1: 책임감	행동의 결과에 대해 책임지는 태도	실수를 인정하고 책임을 짐, 신뢰받는 사람으로 평가됨	남 탓, 변명, 회피, 책임을 떠넘기려 함
SD2: 목적의식	삶의 목표와 방향 설정 능력	목표 중심적 사고, 장기 계획 우선	충동적이고 방향 없음, 순간 기분에 흔들림
SD3: 유능감	문제 해결과 자기 결정 능력	독립적이고 실행력 높음 새로운 일도 잘 해냄	무기력, 의존적 결정에 소극적
SD4: 자기수용	자기 자신을 있는 그대로 인정하는 능력	자존감이 높고 자신감 있음, 단점도 수용함	자기비판과 자책 심함 자기혐오 경향
SD5: 자기일치	가치, 행동, 정체성의 통합성	내면과 삶이 일치, 조화롭고 안정된 자아감	자기 혼란, 내적 갈등 삶의 방향이 모호함

| 6장 |
협동성
(C, Cooperativeness)
– 자기 목표와 타인의 이익을 같은 방향으로 설정하는 데 필요한 연대감의 정도

연대감 척도는 자신을 '인류 혹은 사회의 통합적 한 부분'으로 이해하고 동일시하는 정도를 측정한다. 즉, 이 척도는 타인에 대한 수용 능력 및 타인과의 동일시 능력에서 개인차를 측정한다.
→ 공존/상생 vs. 이기심이 핵심
→ 자율성이 낮아서 생긴 문제를 외부의 도움으로 해결하는 우회로 역할

타인을 위하는 아이 vs. 자기중심적인 아이

"착하다는 말, 정말 좋은 걸까?"

"우리 아이는 착해요. 친구가 슬퍼하면 옆에 가서 토닥여주고, 무거운 물건도 잘 들어줘요." 부모들은 이런 말을 하며 흐뭇해하지만, '착함'이라는 말 이면에 숨은 심리를 들여다보면 조금 더 복잡한 얼굴이 보인다. 우리는 '타인을 돕는 아이'를 대개 '착한 아이'로 여긴다. 그런데 과연 그 아이는 진심으로 돕고 있는 걸까? 아니면 칭찬받기 위해서, 혹은 거절당하거나 미움받을까 봐 자신의 욕구를 억누르며 행

동하는 걸까? 이것이 바로 이야기의 핵심이다.

협동성(C)이란?

협동성은 기질과 성격을 아우르는 TCI의 일곱 요인 중 하나로, 타인과의 관계에서 얼마나 따뜻하고 관대하며 책임감 있는지를 나타내는 성격 특성이다.

(1) '협동성이 높은 아이'는 보통 다음과 같은 특성을 보인다.
- 공감 능력이 풍부하다.
- 타인의 감정을 민감하게 인식하고 반응한다.
- 공동체 안에서 조화와 책임을 중요시한다.
- 도덕적 가치와 사회적 규범을 내면화한다.

(2) 반대로 '협동성이 낮은 아이'는 자기중심적이거나 공감력이 부족하고, 종종 사회적 규칙이나 책임에 무관심한 모습을 보일 수 있다.

'착한 아이'와 '협동적인 아이'는 다르다

착한 아이로 보이는 행동이 모두 협동성에서 비롯된 것은 아니다. 외적으로는 비슷해 보이지만, 내면의 동기가 전혀 다를 수 있다.

착한 아이 콤플렉스

아이가 타인을 돕고 말 잘 듣는 이유가 '싫은 소리를 듣기 싫어서' 혹은 '사랑받기 위해서'라면, 그건 억눌린 자기 욕구의 결과일 수 있다. 이런 아이는 자신의 감정을 잘 드러내지 않고, 늘 좋은 아이로 남기 위해 무리하게 자신을 통제한다.

협동적인 아이

반면 협동적인 아이는 '이걸 해야 칭찬받으니까'보다는 '이게 옳은 일이니까', 혹은 '저 사람이 힘들어 보여서'라는 마음에서 행동한다. 즉, 진정한 공감과 도덕적 이해에서 비롯된 행동이다.

협동성은 어떻게 길러지는가?

협동성은 타고나는 기질도 일부 영향을 주지만, 무엇보다 양육 환경과 부모의 모델링을 통해 길러진다.

① 공감을 '가르치려' 하지 말고, 함께 느끼기

"그렇게 하면 안 돼!" 하고 훈계하기보다는, 아이가 상황을 느끼고 공감할 수 있도록 도와주는 대화가 중요하다.

예: "친구가 넘어졌을 때 네가 손 내밀어 줬을 때 어떤 기분이 들었어?"

이런 질문을 통해 아이는 '남을 도우면 기분이 좋다', '서로 돕는 것이 중요하다'라는 감정을 몸으로 배우게 된다.

② 도덕은 말보다 행동으로 배운다.

부모가 "착하게 행동해"라고 말하면서, 정작 평소에 무례하게 행동하거나 타인을 배려하지 않는 모습을 보인다면 아이는 그 말보다 행동을 따라 배운다. 부모가 누군가에게 고마움을 표현하거나 어려운 이웃을 도우려는 모습을 자연스럽게 보여주는 것이 협동성을 기르는 데 가장 강력한 교육이다.

③ '왜'에 대한 질문을 던지게 하라.

"왜 친구를 도와야 할까?", "왜 쓰레기를 아무 데나 버리면 안 될

까?"

이처럼 도덕적 규범의 '이유'를 고민하게 하는 것은 아이가 규칙을 맹목적으로 따르기보다는 내면화하도록 도와준다.

협동성을 높이기 위한 실천 팁

상황	부모의 말과 행동 예시
친구가 장난감을 뺏었을 때	"어떤 기분이 들었어? 친구는 왜 그랬을까?"
누군가 도와줬을 때	"고맙다고 말했니? 네가 어떻게 도와줬는지 이야기해 줄래?"
사회적 갈등 상황에서	"그럴 땐 모두가 기분 나쁘지 않도록 하려면 어떻게 해야 할까?"

배려는 억압이 아니다

협동적인 아이를 키운다는 것은 단순히 '남을 먼저 생각해라'라고 강요하는 것이 아니다. 아이 스스로 '남을 돕는 게 왜 중요한지?', '함께 어울려 사는 것이 어떤 의미인지?'를 생각할 기회를 주고, 부모가 그 질문에 진지하게 함께 머물러 주는 것이다.

타인을 배려하면서도 자신의 감정을 외면하지 않는 아이, 억지로 착한 척하지 않고도 자연스럽게 따뜻한 아이, 그런 아이는 따로 '훈육' 하지 않아도 잘 자란다. 그 아이에게 필요한 것은 말보다 모델, 규칙보다 공감이다.

사례 예시

① 높은 C 아이: 준희는 친구가 넘어지면 먼저 달려간다. 나눔을 중요하게 생각하며 규칙도 잘 지킨다.

② 낮은 C 아이: 다현이는 자기 장난감을 절대 안 나누고, 다른 아이의 처지를 잘 이해하지 못한다.

부모 질문지

- 아이가 타인을 배려하려는 모습이 있나요?
- 공동의 규칙이나 약속을 지키려고 하나요?
- 공감 표현이 자연스러운가요?

양육 실전 워크북

활동: "역할극 – 친구가 슬퍼할 때 나는?" 공감 상황을 역할극으로 해보기

감정 일기: '오늘 내가 도와준 일 3가지'

미션: '가족 도우미 되기', 일주일간 가족을 위한 일하기

정리

▲C 점수가 높은 경우

특성: 공감적이고 관대하며 동정심이 많고 지지적인 성향을 보인다. 공정성과 윤리적 원칙이 뚜렷하고, 타인을 위해 봉사하는 데서 기쁨을 느낀다. 이들은 자신의 욕구뿐 아니라 타인의 욕구나 감정을 이해하고 존중하려는 경향이 강하다.

장점: 다른 사람과의 협력에 적극적이며, 팀워크와 조화로운 관계 형성에 유리하다. 감정적으로 안정된 관계를 추구하고 유지할 수 있으며, 사회적 연대감이 필요한 공동체나 협력적 환경에서 긍정적으로 작용한다.

단점: 자기주장보다는 타인의 입장을 우선시할 가능성이 있어, 자신의 욕구나 의견을 지나치게 억제할 수 있다. 때때로 남의 부탁을 거절하지 못하거나, 지나치게 헌신적으로 보일 위험이 있다.

▼C 점수가 낮은 경우

특성: 자신에게 몰두하며 타인에게 관대하지 않고, 비판적이고 비협조적이며 기회주의적인 면모를 보일 수 있다. 타인의 권리나 감정에 대한 배려가 적고, 자신의 이익을 우선시한다. 혼자 독립적으로 행동하는 경향이 강하다.

장점: 자율성이 높고, 독립적인 의사결정이 가능하다. 타인의 감정에 지나치게 휘둘리지 않으며, 경쟁적이고 냉철한 판단이 필요한 환경에서는 장점이 될 수 있다.

단점: 사회적 관계를 맺고 유지하는 데 어려움이 따를 수 있다. 공감 능력이나 협력 태도가 낮아, 또래나 동료들과의 갈등이 잦을 수 있다. 지도자의 위치에 있을 경우 공감 부족으로 독단적이거나 권위적인 방식으로 비춰질 수 있다.

높은 사람	낮은 사람
마음이 부드러운 공감적인 도움을 주고 싶어하는 자비심이 많은 원칙적이고 공정한	너그럽지 못한 민감하지 못한 적대적인 복수심이 많은 기회주의적인

연대감(Cooperativeness)의 하위척도

C1: 타인수용
C2: 공감/둔감
C3: 이타성/이기성
C4: 관대함/복수심
C5: 공평/편파

(1) C1: 타인 수용(Social Acceptance)

타인의 결점이나 다름을 있는 그대로 받아들이는 정도이다.

▲점수가 높은 경우

① 다양한 성격과 배경을 포용하고 인정한다.

② 남의 단점이나 실수에 관대하다.

③ 쉽게 사람을 믿고 잘 어울린다.

▼점수가 낮은 경우

① 타인을 쉽게 비판하거나 배척한다.

② 성격이나 배경이 다른 사람과 잘 섞이지 못한다.

③ 자기 기준에 맞지 않으면 불편함을 느낀다.

(2) C2: 공감/둔감(Empathy)

타인의 감정과 처지를 이해하고 감정적으로 반응하는 정도이다.

▲점수가 높은 경우

① 타인의 기분이나 감정을 잘 읽고 공감한다.

② 정서적으로 민감하고 배려심이 깊다.

③ 상담자나 조력자로서 강점이 있다.

▼점수가 낮은 경우

① 타인의 감정을 잘 인식하지 못한다.

② 공감보다 논리나 이성을 중시한다.

③ 감정적으로 둔감하거나 무신경하다는 평가를 받을 수 있다.

(3) C3: 이타성/이기성(Helpfulness)

타인을 도우려는 태도와 행동 경향이다.

▲점수가 높은 경우

① 누군가를 돕는 일에서 기쁨을 느낀다.

② 봉사, 배려, 양보를 자발적으로 한다.

③ 공동체 속에서 신뢰를 받는다.

▼점수가 낮은 경우

① 자신의 이익을 우선시한다.

② 도움 요청을 귀찮게 여기거나 피한다.

③ "왜 내가?"라는 생각이 먼저 든다.

C4: 관대함/복수심(Forgiveness)

갈등이나 상처에 대해 용서하고 넘어가는 능력이다.

▲점수가 높은 경우

① 실수나 상처를 받은 뒤에도 용서하고 관계를 회복하려 한다.

② 오랜 감정의 앙금을 잘 남기지 않는다.

③ 인간관계에서 유연하고 따뜻하다.

▼점수가 낮은 경우

① 한번 받은 상처를 쉽게 잊지 못한다.

② 사소한 일에도 섭섭함을 오래 간직한다.

③ 상대에게 '되갚아주고 싶은' 마음이 강하다.

C5: 공평/편파(Compassionate Justice)

정의롭고 공평한 태도로 타인을 대하려는 경향이다.

▲점수가 높은 경우

① 누구에게나 공정하게 대하려 한다.

② 편 가르기나 차별을 경계한다.

③ 원칙과 정의를 중시하며 신뢰를 얻는다.

▼점수가 낮은 경우

① 친한 사람에게만 관대하고 낯선 사람에겐 엄격하다.

② 자의적 기준이나 감정에 따라 사람을 다르게 대한다.

③ 편향된 판단으로 신뢰를 잃을 수 있다.

∨ 요약

하위척도	높은 경우	낮은 경우
C1 타인 수용	다름을 인정하고 사람들과 잘 어울림	타인을 쉽게 비판하고 배척함
C2 공감	감정을 잘 읽고 배려심 많음	감정에 둔감하고 무신경함
C3 이타성	남을 돕는 데 기쁨, 봉사적	자기중심적, 도움을 꺼림
C4 관대함	쉽게 용서하고 감정 오래 안 품음	상처를 오래 간직, 보복심 있음
C5 공평성	누구에게나 공정함, 정의로움	편파적, 감정 따라 판단함

| 7장 |

자기초월
(ST, Self-Transcendence)

– 자신의 세상, 우주 만물을 어떻게 바라보는지 평가하는 정도

자기 초월척도는 자신을 '우주의 통합적 한 부분'으로 이해하고 동일시하는 정도를 측정한다. 즉, 이 척도는 우주 만물과 자연을 수용하고 동일시하며 이들과 일체감을 느끼는 능력에서 개인차를 측정한다. '자기초월'이란 만물을 우주 전체의 필수적인 한 부분으로 인식함으로써 만물과 자신을 동일시하는 것을 말한다. 이러한 '우주 의식'에서 자신과 타자의 구분이 줄어듦으로써 개인으로서 자신의 중요성 또한 줄어들게 된다.

자율성이 발휘되는 양상을 결정하는 성격 차원

깊이 있는 아이 vs. 현실적인 아이

"왜 우리는 사는 걸까?"라고 묻는 아이에게 "엄마, 사람은 왜 죽어요?", "나는 가끔 내가 진짜 존재하는 건지 모르겠어", "우주는 어디까지 있어?" 갑자기 이런 질문을 던지는 아이 앞에서 당황한 적이 있는가? 많은 부모가 이런 질문을 들으면 "그런 이상한 생각 하지 마",

"아직 어리니까 그런 걱정 안 해도 돼"하고 얼버무리거나 급하게 다른 화제로 넘기곤 한다. 하지만 아이가 이런 질문을 하는 데는 이유가 있다. 그것은 바로 자기 초월성(ST)이라는 성격 특성과 연결되어 있기 때문이다.

자기 초월성이란 무엇인가?

자기 초월성은 TCI의 일곱 가지 요인 중 하나로, 한 개인이 자신의 삶을 넘어서 더 큰 의미와 존재에 연결되고자 하는 성향을 의미한다.

(1) '높은 자기 초월성을 가진 아이'
- 철학적, 종교적, 존재론적인 질문을 자주 한다.
- 상상력과 공상이 풍부하다.
- '이건 왜 해야 해?', '나는 누구지?' 같은 질문에 집착하기도 한다.
- 자연, 예술, 우주와 같은 '초월적 대상'에 대한 감수성이 높다.

(2) 반대로 '낮은 자기 초월성을 가진 아이'
- 보다 현실적이고 실용적이다.
- 규칙, 계획, 결과 중심의 사고를 선호한다.
- 상상보다는 구체적인 활동을 좋아한다.

깊이 있는 아이 vs. 현실적인 아이

여기서 중요한 점은, 자기 초월성이 높다고 무조건 좋은 것도, 낮다고 나쁜 것도 아니라는 점이다. '자기 초월성이 높은 아이'는 풍부한 상상력과 감성, 그리고 삶의 의미를 스스로 찾고자 하는 철학적 태도를 가질 수 있다. 다만, 현실과의 괴리로 인해 우울감이나 고립감을 느낄 수도 있다. '자기 초월성이 낮은 아이'는 매사에 실용적이고 안정된 태도를 보여 과제 수행 능력이 뛰어나고 현실적 목표를 잘 설정하지만, 때때로 '의미 없는 반복'에 흥미를 잃을 수 있다. 부모는 자녀가 어느 쪽 성향이든 그 자체를 이해하고 존중하는 태도가 필요하다.

아이의 철학을 허용하는 부모가 되어야

아이의 초월성이 자연스럽게 발달하려면, 부모가 '아이의 질문을 막지 않는 환경'을 만들어야 한다.

① "그런 생각 하지 마"보다는 "그렇게 느꼈구나"

아이의 깊은 질문이 다소 난해하거나 당혹스러워도, 그것을 '이상한' 것으로 여기지 말고 감정을 우선 인정해 주는 것이 중요하다.

예: "엄마, 나는 가끔 '내가 진짜 꿈을 꾸고 있는 건 아닐까?'라고 생각해" → "그런 느낌이 들었구나. 그럴 때 어떤 기분이었어?"

이렇게 질문을 무시하지 않고 존중해주면, 아이는 자기 내면을 안전하게 탐색할 수 있게 된다.

② 너무 빠른 정답을 주지 않기

아이의 철학적 질문에 어른의 시선으로 '정답'을 말해버리면, 아이는 생각을 멈추게 된다.

예: "사람은 왜 살아?"라는 질문에 "행복하려고!"라고 단정 지으면, 아이는 더 이상 질문을 던지지 않게 된다.

아이의 질문에는 질문으로 답해보라.

예: "사람은 왜 살아?"라는 질문에 "넌 왜 사람들이 사는 것 같아?"

라거나 "살면서 기분이 좋았던 순간은 언제였어?"라는 식으로 답하는 것이다.

이런 식으로 생각을 확장해 줄 여백을 남겨주는 것이 중요하다.

③ 초월적 경험을 이야기로 연결하기

자연 속을 걷다가 문득 하늘을 바라보며 "우주에는 끝이 있을까?"라고 묻는 아이에게, 부모가 자연이나 생명에 대한 경이로움을 함께 나누면 아이는 '이해받는 느낌'을 갖게 된다.

자기 초월성을 기르는 대화 팁

상 황	부모의 반응 예시
철학적 질문을 할 때	"그 질문은 참 깊은 질문이야. 너는 어떻게 생각해?"
상상 이야기를 할 때	"그런 상상을 해보는 건 재미있고 신기하지. 또 어떤 이야기가 떠올라?"
죽음이나 인생에 대해 말할 때	"그런 생각이 들었구나. 무서울 수도 있고, 궁금할 수도 있지."

마음이 자라는 또 하나의 방식

자기 초월성은 눈에 보이지 않고 측정하기 어려운 특성이지만, 인간의 정신세계에 매우 중요한 요소이다. 이 특성이 잘 자란 아이는, 단지 좋은 성적이나 규칙적인 생활을 넘어서 삶을 통찰하고, 타인과 세상을 연결 지을 수 있는 깊은 감수성을 갖게 된다. 부모가 해야 할 일은 그저 아이의 생각을 허용하고, 함께 사유하는 시간을 갖는 것. 정답을 주기보다는 질문을 함께 품어주며, 아이의 느리고 깊은 내면

여행을 응원해 주는 것이다. 세상을 더 깊이, 더 넓게 바라보는 아이. 그 시작은 '이상한 질문'이 아니라, 그 질문을 받아주는 어른에게서 시작된다.

사례 예시

① 높은 ST 아이: 민지는 밤하늘을 보며 "우주는 왜 끝이 없을까?"라고 묻는다. 상상력이 풍부하고 혼자만의 세계를 자주 즐긴다.
② 낮은 ST 아이: 태오는 논리적이고 현실적인 이야기에만 관심이 많다. 공상이나 철학적 질문엔 흥미가 없다.

부모 질문지

- 아이가 추상적, 철학적 질문을 자주 하나요?
- 상상이나 이야기 만들기를 즐기나요?
- 감정, 의미, 영성에 대해 깊이 있게 말하나요?

양육 실천 워크북

활동: '우주 상상 일기', 우주, 신, 미래 등에 대해 자유롭게 그리거나 쓰기

이야기 나누기: '우리 가족이 믿는 것들'

미션: '내가 느끼는 세상 이야기' 발표해 보기

정리

▲ST 점수가 높은 경우

특성: 자기초월 점수가 높은 사람은 꾸밈이 없고 충만하며 참을성이 있다. 창조적이고 사심이 없으며 영적인 성향을 지닌다. 이들은 모호함과 불확실성을 수용할 수 있으며, 통제하려 하지 않고 있는 그대로의 삶을 받아들인다. 삶의 의미를 영성과 연결짓는 경향이 있고, 자신이 하는 활동 자체를 즐긴다.

장점: 불확실성과 고통을 견디는 능력이 크며, 겸손하고 수용하는 태도를 지닌다. 실패조차 감사하게 받아들이며, 깊은 내적 평온을 유지한다. 죽음이나 상실 등 인생의 궁극적인 문제에 대해 유연하게 적응한다.

단점: 일부 문화권에서는 이러한 성향이 비현실적이거나 순진하다고 여겨질 수 있다. 물질적 성공이나 실용적 목표를 중시하는 사회에서는 이상주의자, 비현실주의자로 비칠 수 있다.

▼ST 점수가 낮은 경우

특성: 자기초월 점수가 낮은 사람은 자의식이 강하고, 유물론적이며, 상상력이나 영적 감수성이 부족하다. 이들은 모호함이나 불확실성을 불편해하고, 거의 모든 것을 통제하려 한다. 마음의 충만함이나 삶의 신비에 대한 경외감이 적다.

장점: 구체적이고 실용적인 목표에 집중하며, 세속적 성공을 중시하는 문화에 잘 적응한다. 명확하고 논리적인 사고를 바탕으로 효율적인 행동을 선호한다.

단점: 변화나 예측 불가능한 상황에 약하고, 상상력이나 창의성이 제한적일 수 있다. 삶의 궁극적 의미나 죽음에 대한 수용력이 부족하여 노년기 적응에 어려움을 겪을 수 있다.

높은 사람	낮은 사람
자기를 잊는 묵묵히 따르는 영적인 밝게 열려 있는 이상주의적인	상상력이 부족한 통제적인 유물론적인 소유욕이 많은 관습적인

자기 초월(Self-Transcendence)의 하위척도

> ST1: 창조적 자기 망각/자의식
> ST2: 우주 만물과의 일체감
> ST3: 영성 수용/합리적 유물론
> ST1: 환상
> ST2: 영성

(1) ST1: 창조적 자기 망각(환상)

▲점수가 높은 경우

① 자신과 환경의 경계를 흐리며 몰입하거나 무아지경에 빠지는 경험을 잘 한다.

② 상상력과 예술적 감수성이 풍부하고, 꿈, 직관, 비유 등을 현실처럼 느낄 수 있다.

③ 이야기, 상징, 종교적 체험 등에 의미를 부여하는 능력이 뛰어나다.

▼점수가 낮은 경우
① 현실과 상상의 경계를 분명히 구분하며 몰입에 어려움을 느낀다.
② 상징, 신화, 상상 속 세계보다는 사실적이고 실증적인 내용을 선호한다.
③ 자의식이 강하고, 타인의 시선을 많이 의식하는 편이다.

(2) ST2: 우주 만물과의 일체감(영성)

▲점수가 높은 경우
① 자연, 인간, 우주 등과 자신이 연결되어 있다는 느낌을 자주 경험한다.
② 공동체적·초개인적 관점을 중시하며, '나'보다는 '우리'에 대한 의식이 강하다.
③ 생명과 존재에 대한 경외심, 일체감, 초월적 사랑 등을 지닌다.

▼점수가 낮은 경우
① 자신과 외부 세계는 분리된 존재로 인식하며, 개인 중심적 사고가 강하다.
② 자연이나 타인과의 연결감보다는 독립성과 개별성을 중시한다.
③ '영성'에 대한 감수성이 낮으며, 추상적 가치보다는 현실적 이해에 집중한다.

(3) ST3: 영성 수용 (합리적 유물론)

▲점수가 높은 경우

① 종교적 믿음, 신비한 체험, 영적 직관 등을 열린 마음으로 받아들이는 성향이다.

② 논리나 증거보다 삶의 의미나 가치, 신념에 따라 행동하는 경향이 있다.

③ 우주적 질서, 운명, 초월적 존재에 대한 믿음을 긍정적으로 바라본다.

▼점수가 낮은 경우

① 영적 체험이나 신념보다는 관찰, 분석, 합리성을 더 신뢰한다.

② 종교나 영성을 '비과학적'이라 보며, 물질 중심적 세계관을 가진다.

③ 경험적 근거 없는 초월적 믿음을 회의적으로 바라본다.

∨ 요약

하위척도 (ST)	설명	▲ 점수 높음	▼ 점수 낮음
ST1: 창조적 자기 망각(환상)	자기 경계의 해제, 몰입, 상상력	상상력 풍부, 무아지경 몰입, 상징 · 비유에 민감	자의식 강함, 현실 중심, 몰입 어려움
ST2: 우주 만물과의 일체감(영성)	자연 · 우주 · 존재와의 연결감	공동체 · 초월적 일체감, 생명 경외	개별성 중시, 연결감 낮음, 개인주의적
ST3: 영성 수용 (합리적 유물론)	신념과 직관의 수용 태도	신앙 · 영성 수용, 직관적 이해, 의미 중심	합리 · 분석 중심, 회의적, 유물론적 태도

유형별 양육 솔루션
TCI 조합으로 살펴보는 성장과 고민들

3부

중요한 건 아이의 전체적인 기질의 맥락을
이해하는 것이다.
실제 사례를 반영한 대표적인 8가지 조합을 소개한다.
어떤 아이도 하나의 프레임으로 고정할 수는 없지만,
아래 조합들은 자주 관찰되는 유형으로,
양육의 실마리를 제공할 수 있다.

| 1장 |
우리 아이는 어떤 조합인가?
- 대표 유형 8가지

TCI 검사는 4개의 기질 및 3개의 성격으로 총 7가지 척도를 측정하지만, 실제 아이의 성격은 이 요소들이 결합하여 나타나는 조합으로 파악해야 이해가 깊어진다. 어떤 아이는 자극을 추구하면서도 눈치를 많이 보고, 또 어떤 아이는 조심성이 높지만, 공감 능력은 낮을 수도 있다. 중요한 건 아이의 전체적인 기질의 맥락을 이해하는 것이다. 다음은 실제 사례를 반영한 대표적인 8가지 조합이다. 어떤 아이도 하나의 프레임으로 고정할 수는 없지만, 아래 조합들은 자주 관찰되는 유형으로, 양육의 실마리를 제공할 수 있다.

1. 높은 NS + 낮은 HA + 낮은 RD(NS: 자극추구 HA: 위험회피 RD: 사회적 민감성)

▶ **무모하지만 도전적인 모험가형**

특징: 호기심이 많고, 항상 에너지가 넘치며, 새로운 것에 도전하는 걸 좋아한다. 실패나 경고를 무시하고 충동적으로 행동하기도 한다.
사례: 7세 민우는 놀이터에서 가장 높은 구조물에 망설임 없이 올라

가고, 위험한 장난을 즐긴다. 부모는 "말을 안 들어요. 자꾸 위험한 걸 해요"라며 걱정한다.

양육 팁: 명확한 규칙과 결과를 알려주되, 도전을 완전히 억누르지 말아야 한다. 실패 경험을 피드백 삼아 자율을 키우는 방향으로, 결과를 예측해 보는 놀이도 효과적이다.

2. 낮은 NS + 높은 HA + 높은 RD
▶걱정 많은 눈치쟁이형

특징: 낯선 상황을 피하고, 조용하고 신중하며, 새로운 것보다는 익숙한 것을 선호한다. 타인의 반응에 민감하고 실수를 두려워한다.

사례: 9세 예린이는 발표 수업만 되면 배가 아프다고 한다. 친구의 시선, 선생님의 표정을 유난히 신경 쓴다. 부모는 "왜 이렇게 소극적이고 불안해 보일까요?"라고 고민한다.

양육 팁: 칭찬보다 시도한 용기를 격려하기. 아이가 불안을 표현할 수 있는 안정적 대화 환경 조성이 중요하다. 작은 성공 경험이 핵심이다.

3. 높은 NS + 낮은 HA + 높은 RD
▶인기 많은 에너자이저형

특징: 활동적이고 사교성이 높으며 두려움이 적다. 분위기를 주도하고 친구들과 어울리는 것을 즐긴다.

사례: 10세 승현이는 반장도 하고, 놀이도 주도하지만, 주의집중이 어렵고 숙제는 자주 잊어버린다. 외부 자극에 지나치게 의존할 수

있으며, 좌절을 피하려는 경향이 강하다.

양육 팁: 활동을 제한하기보다 내면의 동기나 지속성을 키우는 피드백 제공이 효과적이다.

4. 낮은 NS + 높은 HA + 낮은 RD
▶ **고립형 걱정쟁이**

특징: 신중하고 내향적이며, 혼자 있는 것을 선호한다. 불안을 잘 드러내지 않지만, 속으로 긴장 상태인 경우가 많다.

사례: 6세 서연이는 학원에서 친구들과 놀지 않고 혼자 퍼즐만 한다. 말을 잘하지 않아 "아이가 너무 혼자 있어요. 걱정되네요"라며 부모의 상담 요청이 잦다.

양육 팁: 무리한 사회성 훈련보다 혼자 있는 시간도 존중하되, 감정 표현 통로 마련이 필요하다.

5. 높은 SD + 높은 C + 낮은 ST(SD: 자기 주도성 C: 협동성 ST : 자기초월)
▶ **현실적인 자기주도형**

특징: 매사에 책임감 강하고 계획적으로 행동한다. 허황되거나 추상적인 것보다는 실용적인 목표를 선호한다.

사례: 11세 지훈이는 스스로 시간표를 짜고 일정을 맞추는 데 능하지만, 예술이나 상상 활동에는 흥미를 느끼지 못한다. 자기 기준이 강해 완고하다는 평가를 받는다.

양육 팁: 지나친 효율 중심에서 벗어나 감성적 경험이나 상상 활동도 허용하도록 한다.

6. 낮은 SD + 낮은 C + 낮은 ST

▶즉흥적이고 방황하기 쉬운 유형

특징: 자기 조절력이 낮고, 책임을 회피하거나 미루는 경향. 삶에 의미나 목표를 설정하는 데 어려움이 있다.

사례: 12세 예찬이는 학원도 숙제도 자주 빠지고, 하고 싶은 것만 하려 하며 쉽게 싫증을 낸다. 부모는 "목표도 없고, 행동도 일관성이 없어요"라며 걱정한다.

양육 팁: 작고 구체적인 성공 경험을 반복시켜 자기효능감을 높이고, 작은 약속부터 지키게 한다.

7. 높은 SD + 높은 C + 높은 ST

▶작은 철학자형 아이

특징: 스스로 규칙을 지키고 목표를 설정하며, 삶의 의미나 존재에 대해 깊이 고민한다. 너무 일찍 어른스러운 면을 보일 수 있다.

사례: 13세 민서는 일기장에 '나는 왜 태어났을까?' 같은 글을 자주 쓰며, 또래보다 진지하고 깊은 질문을 많이 한다. 또래와의 어울림이 어색하거나, 오히려 지나치게 진지한 면 때문에 걱정이다.

양육 팁: '지금 이 시기의 놀이'도 놓치지 않도록 한다. 유머로 균형 맞추거나, 아이의 질문에 가볍게 넘기지 말고, 함께 고민하고 공감하는 태도로 접근해야 한다.

8. 낮은 NS + 낮은 HA + 낮은 RD

▶무던한 관찰자형

특징: 감정적 반응이 적고, 세상의 일에 쉽게 휘둘리지 않는다. 주변에 무관심하고, 학습이나 과제에 동기가 부족하다.

사례: 8세 정우는 감정 표현이 적고, 친구들에게도 큰 관심이 없어 보인다. 부모는 "반응이 너무 없고, 무기력해 보여요"라며 걱정한다.

양육 팁: 내면 동기를 자극할 수 있는 주제를 찾도록 한다.

반응을 강요하기보다, 작은 흥미 신호를 놓치지 않아야 한다. 자극을 주되, 즉각적인 반응을 기대하지 말고, 속도보다 방향에 집중하도록 한다.

| 2장 |
기질과 성격에 따라 다른 문제 행동의 이해

많은 부모가 묻는다. "왜 우리 아이는 이렇게 산만할까요?", "자꾸 짜증 내고 말을 안 들어요" 하지만 한 걸음 물러나 보면, 문제 행동은 '기질의 극단적인 표현'일 수 있다. 아이의 행동은 단순히 '문제'로 볼 것이 아니라, 기질적 특성과 연결된 '표현 방식'으로 볼 필요가 있다.

예시로 살펴보는 기질적 배경

① 산만한 아이
→ 높은 NS(자극 추구), 낮은 P(인내력)
→ "주의가 산만하다"는 말보다 "다양한 자극에 민감하고, 빠르게 흥미를 전환한다"라는 관점으로 이해하면 접근이 달라진다.

② 공격적인 아이
→ 낮은 C(협동성), 낮은 HA(위험회피), 높은 NS(자극추구)
→ 규칙보다 자극, 공감보다 즉흥성이 우선인 아이. 강압보다 '감정 읽기'와 자기조절 훈련이 먼저다.

③ 짜증과 예민함이 많은 아이

→ 높은 HA(위험회피) + 높은 RD(사회적 민감성)

→ "다 나한테 뭐라고 하는 거 같아요" 민감한 감정 센서 때문에 방어적 태도로 이어진다. '그럴 수 있어' 공감과 안전한 분위기가 우선이다.

④ 말을 너무 안 하는 아이

→ 낮은 NS(자극 추구), 낮은 RD(사회적 민감성), 낮은 ST(자기초월)

→ 조용하고 내성적인 기질이 결코 문제는 아니다. 중요한 건 '자기표현의 통로가 있는지?' 여부다.

문제 행동	기질적 배경	양육 포인트
산만함	높은 NS + 낮은 P	흥미를 유도하되, 구조화된 환경 제공
짜증과 예민함	높은 HA + 높은 RD	감정 공감과 예측 가능한 환경 조성
공격성	낮은 C + 낮은 RD	감정코칭, 공감 훈련, 관계의 모델링 필요
고집과 완고함	높은 SD + 낮은 C	자율성을 인정하되 협업 경험 늘리기
수줍음	높은 HA + 낮은 NS	억지로 밀지 말고, 소규모 반복 노출
의욕 없음	낮은 ST + 낮은 SD	내면 동기 발견 위한 탐색 시간 보장

행동을 고치기보다 먼저 이해하는 것이 교육의 시작이다. 아이는 '틀어진' 게 아니라 '다른 표현 방식'을 가진 것이다. 이해하기 위해서는 그 아이의 기질을 먼저 해석해야 한다. 문제의 80%는 '해석의 차이'에서 온다.

성격의 발달과 기질의 조절

부모가 아이의 타고난 기질적 정서 반응을 수용하지 않고(부모가 생각하기에) 더 바람직한 반응으로 변화시키려 할 때, 이러한 비수용적 환경으로 인해 아이는 자신의 고유한 기질 반응을 수용하지 못하고 자동적인 정서 반응과 힘겹게 분투하며 성격 발달의 지체가 나타난다. 다양한 정신병리와 부적응은 '정서 조절의 실패'로 요약될 수 있으며, 자신의 기질적 정서 반응을 수용하지 못하고 이를 회피하거나 통제하려고 시도하는 악순환의 결과로 이해될 수 있다.

| 3장 |
'정상인가요?'라는 질문에 대한 새로운 시선

"우리 아이가 너무 말이 없는데, 정상일까요?", "다른 애들은 다 잘 하는데, 왜 우리 애만 이럴까요?" 정말 많은 부모가 던지는 이 질문. 하지만 TCI는 우리에게 말한다. '정상'이라는 단어는 기질의 세계에서 별로 의미가 없다고.

아이는 기계가 아니라 살아 있는 사람이다
성격도, 기질도, 감정도 '정상-비정상'이 아니라 '다름'으로 접근해야 한다. 어떤 아이는 정리·정돈을 좋아하고, 어떤 아이는 늘 흐트러져 있어도 창의력이 넘친다. 어떤 아이는 눈치를 잘 보고, 어떤 아이는 전혀 신경 쓰지 않는다. 이것은 문제가 아니라 다양성이다.

TCI는 진단 도구가 아닙니다
TCI는 병을 찾는 검사도, 기준을 나누는 시험도 아니다. 이 검사는 아이의 고유한 기질을 이해하기 위한 지도이다. 정상이란 '많은 아이와 비슷하다'라는 의미일 뿐이다. 다르다고 해서 비정상은 아니다.

① 예민한 아이는 상황 감지력이 뛰어날 수 있다.
② 느긋한 아이는 스트레스에 강하고 창의성이 높을 수 있다.
③ 내성적인 아이는 관계를 깊게 맺고 집중력이 뛰어날 수 있다.
"이 아이는 왜 이럴까?"에서 "이 아이는 어떤 기질을 가졌기에 이렇게 반응할까?"로 질문을 바꾸는 순간, 양육의 방식도 달라진다.

다양한 기질이 만든 다양한 인재들

세상은 이제 '하나의 정답'이 통하는 시대가 아니다. 학교, 직장, 공동체는 다양한 성향과 장점이 있는 사람들을 필요로 한다. 따라서 아이의 기질을 '고쳐야 할 결함'이 아니라, 키워야 할 자산으로 보는 시각이 필요하다.

① 높은 ST를 가진 아이는 상상력이 풍부하고 예술적 감수성이 뛰어날 수 있다.
② 낮은 RD지만 높은 SD를 가진 아이는 자기 주도적으로 목표를 밀고 나가는 힘이 있다.
③ 높은 HA인 아이는 위기 상황에서 미세한 신호를 포착하는 주의 깊은 전문가로 자랄 수 있다.

결국, 다양한 기질은 사회가 필요로 하는 다양한 인재상과 맞닿아 있다.

TCI는 아이를 바라보는 부모의 눈을 바꿔주는 도구이다. '왜 저럴까'에서 '그래서 그렇구나'로. '틀렸다'에서 '다르다'로. TCI는 우리 아이의 독특한 기질과 성격을 이해하고, 그에 맞는 양육 방식을 찾기 위한 나침반이다.

어떤 기질도 잘못된 것이 아니라, 환경과 상호작용을 하며 자라나는 가능성이다. 아이가 가진 성향을 깊이 이해하고, 그 기질이 건강하게 발휘될 수 있는 환경을 만드는 것, 바로 그것이 부모가 줄 수 있는 가장 큰 선물이다. "우리 아이는 어떤 기질일까?", "이 기질이 어떻게 빛날 수 있을까?" 이 질문을 끝까지 포기하지 않아야 한다.

# 아이의 진로와
미래를 열어주는 성격 이해

4부

자녀의 미래를 생각할 때, 우리는 종종 '무슨 직업을 가질까?'에 집중한다. 하지만 아이에게 맞는 삶의 방향을 찾는 데 더 중요한 것은, 그 아이가 어떤 사람인지 아는 것이 먼저다. TCI는 아이의 기질과 성격을 통해 진로 탐색의 출발점을 제공한다. 또한 부모 자신을 이해하고, 서로의 차이를 조율하는 방법도 알려준다.

**기질과 성격을 알면 어떤 환경에서 에너지를 얻고,
어떤 방식으로 세상을 탐색하고,
어떻게 문제를 해결하거나 관계를 맺는지를
이해할 수 있다.**

| 1장 |
기질-성격 조합별 진로 탐색 예시

직업이 아니라 삶의 방식에 대한 안내서

우리는 아이의 미래를 예측할 수 없다. 하지만 아이의 성향을 알면, 그 아이가 어떤 환경에서 에너지를 얻고, 어떤 방식으로 세상을 탐색하고, 어떻게 문제를 해결하거나 관계를 맺는지를 이해할 수 있다. 이는 단순히 직업을 고르는 문제를 넘어서, 아이가 건강하게 살아갈 수 있는 삶의 방식을 안내하는 중요한 단서이다.

| TCI 유형 조합별 진로 탐색 예시 |

아래는 대표적인 조합 유형과 그에 어울리는 환경 및 접근 방식을 정리한 예시이다(※ 실제 성향은 더 복합적이지만, 설명의 편의를 위해 대표 유형 중심으로 소개한다).

탐험형(자극추구↑, 자기주도성↑, 위험회피↓)
특징: 새로운 자극과 경험을 즐기며, 독립적이고 창의적인 사고를

지님
어울리는 환경: 자유도 높은 분위기, 프로젝트 중심의 일, 다양한 활동 기회
적성 예시: 창업가, 예술가, 콘텐츠 기획자, 여행 기자, 벤처 기업 개발자 등
주의할 점: 즉흥성과 충동성을 조절하는 훈련 필요

안정형(위험회피↑, 협동성↑, 인내력↑)
특징: 신중하고 책임감 있으며, 꾸준함과 협업 능력이 뛰어남
어울리는 환경: 예측 가능하고 구조화된 시스템, 명확한 규칙과 절차
적성 예시: 행정직, 교육직, 연구 보조, 회계, 공무원, 안정적 조직 내 역할
주의할 점: 변화에 대한 과도한 불안감은 도전 기회를 제한할 수 있음

분석형(자기주도성↑, 인내력↑, 자기초월↑)
특징: 깊이 있는 사고와 목표 지향성, 몰입력이 강하고 자기 성찰이 깊음
어울리는 환경: 조용하고 집중이 가능한 공간, 목표 중심의 일
적성 예시: 연구자, 전략 기획가, 데이터 분석가, 철학자, 작가 등
주의할 점: 지나친 자기비판이나 완벽주의로 인한 탈진 주의

돌봄형(사회적 민감성↑, 협동성↑, 자기초월↑)

특징: 타인에 대한 공감 능력, 헌신과 관계 지향성이 높음
어울리는 환경: 사람 중심, 의미 있는 봉사와 기여 활동 중심의 환경
적성 예시: 상담사, 간호사, 사회복지사, 교육자, 목회자, 심리 전문가 등
주의할 점: 타인에 대한 과도한 책임감으로 자기 소진 가능

실천형(자극추구↓, 자기주도성↑, 인내력↑)

특징: 차분하고 책임감 있으며, 계획을 세우고 꾸준히 실천하는 데 강함
어울리는 환경: 체계적인 일정과 명확한 목표가 있는 환경, 결과 지향적 업무
적성 예시: 기획자, 품질 관리, 조직 운영 매니저, 기술자, 변리사 등
주의할 점: 자발성은 높지만, 외부 자극에 둔감할 수 있어 변화와 혁신의식 훈련 필요

공감형(사회적 민감성↑, 위험회피↑, 자기주도성↓)

특징: 타인의 감정에 민감하고 상처받기 쉬우며, 조심스럽고 의존적일 수 있음
어울리는 환경: 정서적으로 안전한 조직 문화, 협업 위주의 팀 프로젝트
적성 예시: 유아교사, 복지 관련 상담원, 병원 코디네이터, 고객 응대 전문가 등

주의할 점: 거절과 비판에 약해 위축될 수 있으므로 자기 표현 훈련 필요

표현형(자극추구↑, 사회적 민감성↑, 자기초월↑)
특징: 감정 표현이 풍부하고, 타인과의 소통을 즐기며 사회적 영향력이 큼
어울리는 환경: 대중과의 소통이 많은 직무, 창의와 스토리텔링이 중심되는 활동
적성 예시: 방송인, 홍보·마케팅, 예술 강사, 연극인, 공공 강연자 등
주의할 점: 타인의 반응에 과도하게 민감할 경우 자기 동기 약화 가능, 내면의 기준 세우기 필요

설계형(자기주도성↑, 인내력↑, 위험회피↑)
특징: 깊이 있는 계획과 분석, 정확성과 실수를 피하려는 성향이 강함
어울리는 환경: 설계·계획 중심의 전문 영역, 세부 작업이 중요한 업무
적성 예시: 엔지니어, 건축 설계사, 시스템 설계자, 재무 분석가 등
주의할 점: 완벽을 추구하다 추진력이 떨어질 수 있으므로 일정 조절과 실행 감각 훈련 필요

창의형(자극추구↑, 자기초월↑, 협동성↑)
특징: 비전과 아이디어가 풍부하고, 의미 있는 일에 열정을 쏟음. 사람과의 연결도 중요시함

어울리는 환경: 창의적이고 자유로운 문화, 사회적 기여가 포함된 일
적성 예시: 사회적 기업가, 문화 콘텐츠 제작자, NGO 기획자, 창작자 등
주의할 점: 이상과 현실 간의 괴리로 현실 감각 부족, 구체적 실행 계획 수립 필요

∨ **사용 팁**

이 분석은 성향 중심의 방향성 탐색용 도구다. 특정 직업군을 단정 짓기보다 아이의 기질과 성격을 바탕으로 어울리는 환경과 일 방식을 고민하는 데 활용한다. 특히, 중학생와 고등학생 진로 교육 시 아이의 행동 성향 + 환경 적합성을 고려한 진로 탐색 활동에 유용히다. 이 외에도 수많은 조합이 있으며, 하나의 고정된 직업이 아니라 아이의 삶을 지지해 주는 환경과 스타일을 중심으로 진로를 탐색하는 것이 핵심이다.

부모가 할 수 있는 일은, 아이의 가능성을 예단하거나 통제하는 것이 아니라, 아이의 고유한 에너지 흐름을 이해하고 지지하는 것이다. 성향을 이해하면, 아이는 스스로 어떤 길에서 힘을 얻는지, 어떤 방향이 자신에게 맞는지를 조금씩 알아간다.

| 2장 |
부모의 기질도 중요하다, 양육과의 상호작용

"아이와 다른 나를 인정하는 순간, 양육은 달라진다"

부모도 기질과 성격을 가진 존재다. 아이를 있는 그대로 이해하고 수용하기 위해서는, 내가 어떤 기질을 가진 부모인지도 성찰해야 한다.

(예시 1) 위험회피 높은 부모 vs. 자극추구 강한 아이
부모: "또 무슨 사고를 칠까 봐 불안해요."
아이: "왜 이렇게 간섭이 많지? 그냥 나를 좀 믿어줘!"
→ 이 경우, 부모는 아이의 활동성을 '불안 요소'로 보고, 아이는 부모의 제재를 '억압'으로 느낀다.

(예시 2) 인내력 높은 부모 vs. 감정 기복 큰 아이
부모: "왜 이렇게 참지를 못해? 툭하면 울고 짜증 내고…."
아이: "엄마는 나한테 너무 무관심해. 나는 이렇게 힘든데…."
→ 아이의 감정 표현이 부모에겐 '미숙함'으로 보이지만, 아이는 '이

해받지 못함'으로 해석한다.

부모-아이 TCI 조합에서 오는 갈등, 어떻게 풀까?
① '다른 나'를 받아들이기
아이는 나와 다르다는 것을 '이해'하는 것이 아니라, '인정'하는 것이 중요하다. '이 아이가 왜 이럴까?'에서 '이 아이는 원래 이렇게 세상을 느끼는구나'로 관점의 전환이 필요하다.
② 아이의 기질을 내 방식으로 통제하려 들지 않기
나와 다른 기질일수록 불편함이 생기기 마련이다. 하지만 그 불편함은 조절의 신호이지, 고쳐야 할 결함이 아니다.
③ 부모 자신의 기질을 자각하고, 조율하기
부모의 불안, 완벽주의, 감정 억제 경향 등이 아이 양육에 그대로 투영된다. 자기 성찰을 통해 나의 반응을 '의식적으로 선택'하는 힘을 기르는 것이 필요하다.

성격과 기질의 이해, 주도적으로 살아갈 수 있는 토대를 만드는 것
아이의 성격과 기질을 이해한다는 것은, 단순히 아이가 무엇을 잘할지를 미리 짐작하려는 것이 아니다. 그보다는 아이 스스로 자신의 삶을 주도적으로 살아갈 수 있도록 도와주는 토대를 마련하는 것이다. 어떤 아이는 늘 새로운 것을 시도하며 세상을 탐험하고, 어떤 아이는 조용히 하나의 일을 깊이 파고든다. 또 어떤 아이는 사람들과의 관계 속에서 에너지를 얻고, 다른 아이는 자기만의 내면세계 속에서 편안함을 느낀다. 이렇듯 아이들은 저마다 다른 리듬과 방식으로 살아간다.

하지만 그 리듬을 가장 먼저, 그리고 가장 오랫동안 조율해야 하는 사람은 부모다. 부모가 아이의 리듬을 존중할수록, 아이는 자신을 긍정하고, 자기 삶의 주인이 되는 연습을 자연스럽게 시작한다. 그리고 중요한 또 하나, 부모도 한 사람의 성격을 가진 존재라는 점이다. 아이를 키우는 과정은 때때로 나의 그림자를 마주하게 한다.

내가 두려워했던 것, 내가 못 했던 것, 내가 원했던 것이 아이의 모습 안에서 다시 살아나기도 한다. 그때 필요한 건, 아이를 바꾸려는 노력보다 내가 어떤 사람인지, 그리고 왜 그런 반응을 하는지를 들여다보는 것이다. 부모가 자기 기질을 이해할수록, 아이와의 조화는 훨씬 부드럽고 건강해질 수 있다.

결국, 아이의 진로란 단지 직업의 문제가 아니라 그 아이가 어떤 존재로 세상을 살아가고 싶은지에 대한 이야기이다. 그리고 부모가 할 수 있는 가장 큰 선물은, "너는 너대로 괜찮아. 네 방식대로 살아도 돼"라는 메시지를 진심으로 전달해 주는 것이다. 세상은 정해진 길보다 수많은 가능성의 갈림길로 이루어져 있다. 기질과 성격이라는 나침반을 가진 아이는, 그 갈림길 앞에서 덜 흔들리고 더 단단하게 선택하는 힘을 갖게 될 것이다. 그리고 그 여정의 동반자로서 부모가 함께 있다는 것은, 아이에게 무엇보다 큰 힘이 된다.

| 3장 |

TCI 프로파일(결과지) 해석 순서 아이의 마음을 읽는 4단계

1단계: 각 척도 점수를 개별적으로 살펴보기

TCI는 총 7개의 성향(척도)으로 구성되어 있다.

기질 4가지: 자극추구(NS), 위험회피(HA), 사회적 민감성(RD), 인내력(P)

성격 3가지: 자기주도성(SD), 협동성(C), 자기초월(ST)

이 단계에서는 각 점수가 높은지 낮은지를 먼저 확인하고, 그 점수가 어떤 특징을 말해주는지 해석한다. 예를 들어,

• 자극추구(NS)가 높다면? → 호기심이 많고, 쉽게 싫증을 내거나 활동적인 성향

• 위험회피(HA)가 낮다면? → 두려움이 적고, 도전적이며 모험심이 있는 성향

이 단계는 '아이의 성향을 하나씩 들여다보는 과정'이다.

구분	T 점수 범위	백분위 점수 범위	비율
H(High)	55≤T	70≤P	30%
M(Medium)	45〈T〈55	30〈P〈70	40%
L(Low)	T≤45	P≤30	30%

TCI 강의-리딩하는법

TCI-RS	척도	원점수	T점수	백분위	30	백분위 그래프	70
기질	자극 추구(NS)	35	58	78		NS ▇▇▇▇	78
	위험 회피(HA)	29	44	26	26 ▇▇	HA	
	사회적민감성(RD)	50	59	81		RD ▇▇▇▇	81
	인내력(P)	40	46	34	34 ▇▇	P	
성격	자율성(SD)	65	67	95		SD ▇▇▇▇▇	95
	연대감(C)	57	51	52		C ▇ 52	
	자기초월(ST)	13	39	12	12 ▇	ST	
	자율성+연대감	122	62	88			

* T점수는 원점수를 평균 50, 표준편차 10인 점수로 변환한 표준 점수임.
* 백분위 점수가 30 이하이면 해당 척도의 특성이 낮은 것을, 70 이상이면 해당 척도의 특성이 높은 것을 의미함.

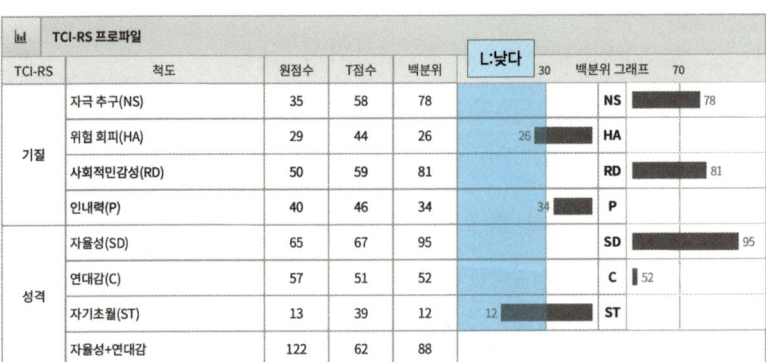

* T점수는 원점수를 평균 50, 표준편차 10인 점수로 변환한 표준 점수임.
* 백분위 점수가 30 이하이면 해당 척도의 특성이 낮은 것을, 70 이상이면 해당 척도의 특성이 높은 것을 의미함.

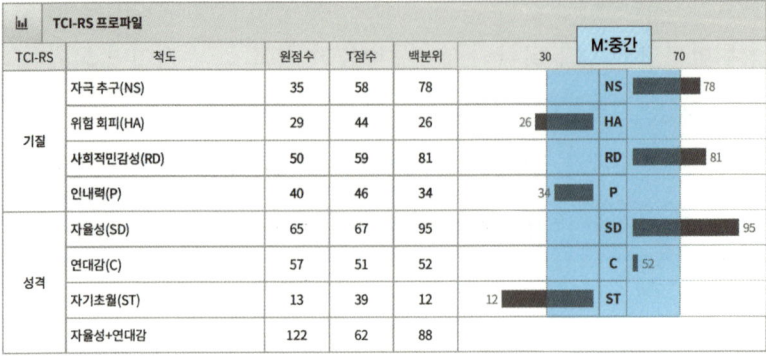

* T점수는 원점수를 평균 50, 표준편차 10인 점수로 변환한 표준 점수임.
* 백분위 점수가 30 이하이면 해당 척도의 특성이 낮은 것을, 70 이상이면 해당 척도의 특성이 높은 것을 의미함.

TCI-RS	척도	원점수	T점수	백분위	백분위 그래프		H:높다
기질	자극 추구(NS)	35	58	78		NS	78
	위험 회피(HA)	29	44	26	26	HA	
	사회적민감성(RD)	50	59	81		RD	81
	인내력(P)	40	46	34	34	P	
성격	자율성(SD)	65	67	95		SD	95
	연대감(C)	57	51	52		C	52
	자기초월(ST)	13	39	12	12	ST	
	자율성+연대감	122	62	88			

* T점수는 원점수를 평균 50, 표준편차 10인 점수로 변환한 표준 점수임.
* 백분위 점수가 30 이하이면 해당 척도의 특성이 낮은 것을, 70 이상이면 해당 척도의 특성이 높은 것을 의미함.

2단계: 기질 유형을 종합적으로 해석하기

TCI에서 말하는 기질은 총 4가지다. 자극추구(NS), 위험회피(HA), 사회적 민감성(RD), 인내력(P)이다. 이 네 가지는 각각 독립된 축이지만, 개별 점수의 조합에 따라 아이의 전반적인 기질 유형이 결정된다. 즉, 기질은 하나의 특성만으로 파악하는 것이 아니라, 조합된 패턴으로 이해해야 한다.

자율성(SD)과 자기초월(ST)의 상호작용

SD(높음)

논리적인(logical)	창작력이 풍부한(inventive)
잘 조직화된(well-organiable)	독창적인(original)
믿을 만한(reliable)	뛰어난/비범한(exceptional/outstanding)
자기를 잘 통제하는(self-controlled)	앞서서 대처하는(proactive)
	기쁨에 넘치는(joyful)
	심미적인/예술적인(aesthetic/artistic)

ST(낮음) ··· ST(높음)

모방하는(imitative)	창작력이 풍부한(illogical/loose)
본떠 따라하는(copying)	독창적인(disorganized)
평범한/일상적인(ordinary/common)	뛰어난/비범한(unreliable)
반응적인(raective)	앞서서 대처하는(passive)
세련되지 않은/거친(unrefined/coarse)	

SD(낮음)

연대감(CO)과 자기초월(ST)의 상호작용

CO(높음)

타인을 신뢰하는(trusting)	사려 깊고 친절한(thoughtful)
정중하고 예의 바른(respectful)	덕망 있고 선한(virtuous)
솔직하고 직선적인(forthright)	애정 어린(loving)
적통적인(traditional)	융통성 있는(flexible)
보수적인(conservative)	

ST(낮음) ··· ST(높음)

이기적인(selfish)	타인을 의심하는(suspicious)
남을 생각하지 않는(thoughtless)	질투하는(jealous)
무정한(callous)	통찰력이 날카롭고 명민한(shrewd)
양보하지 않는(uyielding)	특이하고 별난(eccentric)

CO(낮음)

자율성(SD)과 연대감(CO)의 상호작용

SD(높음)

- 약자를 괴롭히는(bullying)
- 경멸하는(scornful)
- 남을 마구 부리는(hard-driving)
- 경쟁적인(competitive)
- 지배하려는(domineering)

- 성숙한(mature)
- 효율적이고 유능한(effective)
- 충실하게 본분을 지키는(dutiful)
- 밝고 유쾌한(pleasant)

CO(낮음) ·· CO(높음)

- 미성숙한(immature)
- 느리고 부진한(sluggish)
- 의욕 없는(avolitional)
- 뒤로 물러서 있는(withdrawn)
- 유대관계가 어려운(poor rapport)

- 복종적인(submissive)
- 관대한(lenient)
- 수치스러워 하는(shameful)
- 남에게 의존하는(clinging)
- 자기패배적인(self-defeating)

SD(낮음)

인내력(PS)과 자율성(SD)의 상호작용

SD(높음)

- 선의를 지닌(well-intentioned)
- 쉽게 의욕을 잃는(easily discouraged)
- 제약에 얽매이지 않는(free-wheeling)
- [낮은 부정정서]
- [낮은 긍정정서]

- 역동적인(dynamic)
- 근면한(industrious)
- 자립적인(self-reliant)
- [높은 긍정정서]

PS(낮음) ·· PS(높음)

- 성취가 적은(underachieve)
- 무기력한(helpless)
- 열정이 없는(half-hearted)
- [낮은 긍정정서]

- 야심적인(ambitious)
- 자립적이지 않은(not self-reliant)
- 지시를 원하는(needs direction)
- [높은 부정정서]
- [높은 긍정정서]

SD(낮음)

기질 조합을 이해하는 방법

기질 프로파일은 보통 세 가지 이상의 기질 점수 조합을 통해 코드처럼 요약된다.

예를 들어,

(HLM): H-(NS: 자극추구) ↑, L-(HA: 위험회피) ↓, M-(RD: 사회적 민감성) ↔

→ 조심성 많고, 다른 사람하고 함께 있기보다는 혼자 있는 걸 편하게 느끼며, 인내력은 보통 수준인 아이

기질형 예시로 이해하기

기질형	설명	주요 특징
H형(HA↑)	걱정이 많고 조심성 강한 아이	새로운 것 앞에서 불안, 실패를 두려워함
NS형(NS↑ + RD↑)	호기심 많고 사람 좋아하는 아이	활동적이며 친구들과 노는 걸 좋아함
P형(P↑)	느긋하지만 끈기 있는 아이	한번 시작한 일은 오래 붙잡고 해냄
R형(RD↑)	따뜻하고 감정적으로 민감한 아이	타인의 반응에 예민, 감정 공감이 빠름
HA+NS형	모순적 기질: 불안하지만 동시에 자극을 좋아함	일관되지 않은 행동을 보일 수 있음(예: 호기심은 많지만, 시도는 꺼림)

기질은 아이의 타고난 뇌 성향이다. 바꾸기보다는 이해하고 환경을 조절하는 것이 중요하다.

3단계: 성격과 기질을 함께 해석하기

기질은 타고난 성향이고, 성격은 자라면서 형성된다. 이 둘의 조화를 보는 게 매우 중요하다. 예를 들어, 기질적으로 걱정이 많고 소심한 아이(HA↑)라도 성격적으로 자기 주도성(SD)과 협동성(C)이 잘 발달한 다면 → 스트레스를 잘 조절하고, 관계도 원만히 유지할 수 있다.

이 단계에서는 다음을 함께 체크해 보자.
① 아이가 기질적 약점을 성격으로 보완하고 있는가?
② 혹은 기질도 성격도 둘 다 불안정한가?
이 분석은 아이가 심리적으로 얼마나 안정적인지, 혹은 도움이 필요한 부분이 무엇인지를 파악하는 데 매우 중요하다.

자극추구(NS)와 위험회피(HA)의 상호작용

NS(높음)

HA(낮음)		HA(높음)
위험을 추구하는(danger seeking)	기분이 저조한(hypothymic)	
공격적인(aggressive)	신경증적인(neurotic)	
경쟁적인(competitive)	쉽게 고통을 느끼는(easily distressed)	
지나치게 활동적인(overactive)	갈등이 많은(conflicted)	
충동적인(impulsive)	쉽게 동요되는(wavering)	
말이 많은(talkative)	우유부단한(indecisive)	
외향적인(extraverted)		
유쾌한(hyperthymic)	평온함을 추구하는(serenity seeking)	
명랑한(cheerful)	수동적인(passive)	
쉽게 동요되지 않는(unwavering)	자기주장을 잘 안 하는(unassertive)	
자랑스럽게 뽐내는(boastful)	비활동적인(inactive)	
자신감 넘치는(overconfident)	조용한(quiet)	
안정적인(stable)	내향적인(introverted)	

NS(낮음)

자극추구(NS)와 사회적 민감성(RD)의 상호작용

RD(높음)

전통적인(traditional) : 관심을 끌기 원하는(attention seeking)
신뢰할 만한(dependable) : 자기 탐닉적인(self-indulgent)
양심적인(scrupulous) : 정열적인(passionate)
꾸밈없고 진솔한(unaffected/candid) : 자기도취적인(narcissistic)
온화하게 직선적인(warmly direct) : 상상력이 풍부한(imaginative)

NS(낮음) ·· **NS(높음)**

사생활을 추구하는(privacy seeking) : 자유주의적인(libertarian)
자기를 드러내지 않는(self-effacing) : 기회주의적인(opportunistic)
열정이 없는(dispassionate) : 매혹적인(charming)
겸손한(modest) : 독립적인(independent)
상상이 풍부하지 않은(unimaginative) : 비관습적인(unconventional)

RD(낮음)

위험회피(HA)와 사회적 민감성(RD)의 상호작용

RD(높음)

친화적인(friendly) : 의존적인(dependent)
사교적인(sociable) : 회피적인(avoidant)
영웅적인(heroic) : 복종적인(submissive)
설득적인(persuasive) : 간접적으로 조종하는(indirectly
잘 속는(gullible) : manipulative)

HA(낮음) ·· **HA(높음)**

반항적인(oppositional/defiant) : 냉담한(aloof)
직접적으로 직면하는 : 거리를 두는(distant)
(directly confronting) : 우회적인(devious)
거리를 둔 무관심(detached indifference) : 영향력이 적은(ineffectual)
냉정하고 쉽게 동요되지 않는 : 고립된/냉소적인(alienated/cynical)
(imperturbable)

RD(낮음)

위험회피(HA)와 인내력(PS)의 상호작용

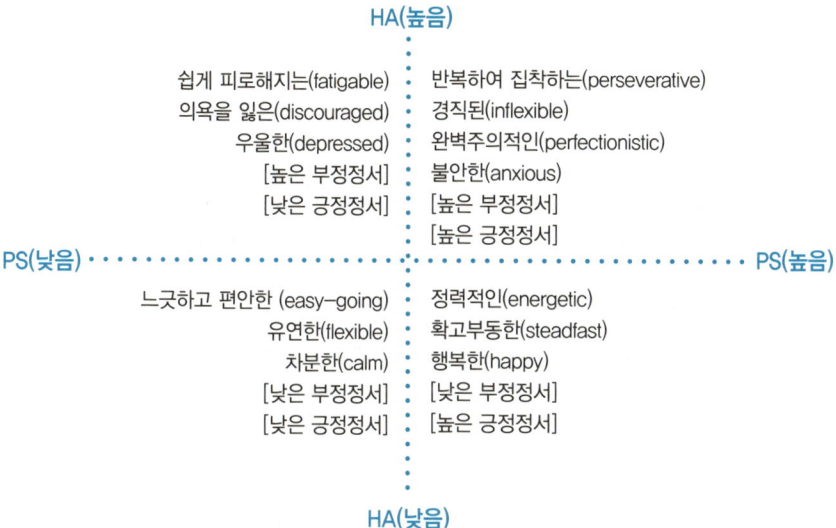

4단계: 성격 유형 전체를 조합해 해석하기

마지막으로, 성격 3가지(자기주도성, 협동성, 자기초월)의 조합을 통해 전체적인 성숙도를 본다. 이 조합으로 아이가 어느 정도의 성숙한 성격 유형인지 판단할 수 있다.

예시:

성격 조합	특 징
SD↑ + C↑ + ST↑	성숙하고 자아 정체감이 분명함, 타인과 조화롭게 지냄
SD↓ + C↓	자기 주도성이 부족하고, 주변과 잘 어울리지 못할 수 있음
SD↑ + ST↑	자기 철학이 뚜렷하고, 영적/창의적 경향이 있음

이 단계는 "내 아이는 어떤 마음의 뿌리를 가지고 살아갈까?"를 통

합적으로 이해하는 시간이다.

정리하자면,

해석 단계	의 미
①척도별 해석	아이의 개별 성향 파악
②기질 유형 해석	기질 조합을 통해 아이의 반응 스타일 이해
③기질 + 성격 연결	안정성, 위험 요인, 성장 가능성 평가
④성격 유형 통합	전체적 성숙도와 성장 방향 파악

이런 해석은 전문가의 상담을 받으면 더 정밀하고 도움이 되지만, 부모가 TCI의 해석 구조를 이해하기만 해도 아이를 훨씬 더 깊이 이해하고, 현명하게 도울 수 있는 힘이 생긴다.

기질 유형별 특성 기술

5부

27개 기질 유형

01. M-M-M 유형: 조화롭고 유연한 균형형
02. H-M-M 유형: 자극 중심 실험가형
03. L-M-M 유형: 안정 지향 실용형
04. M-H-M 유형: 예민한 신중형
05. M-L-M 유형: 낙관적 추진형
06. M-M-H 유형: 관계 중심형
07. M-M-L 유형: 독립적 자기 주도형
08. H-L-M 유형: 충동적 회피형 탐험가
09. L-H-M 유형: 조심스러운 관찰자
10. H-H-M 유형: 예민한 탐험가
11. L-L-M 유형: 안정 추구 관찰자
12. H-M-H 유형: 감정 기복이 크고 따뜻한 모험가
13. L-M-H 유형: 조용하지만 깊이 있는 신중한 애정형
14. H-M-L 유형: 모험적이고 독립적인 현실주의자
15. L-M-L 유형: 신중하고 내향적인 현실주의자
16. M-H-H 유형: 민감하고 사회적인 이상주의자
17. M-L-L 유형: 차분하고 독립적인 현실주의자
18. M-L-H 유형: 독립적이면서도 사회적 관계를 중시하는 실용주의자
19. M-H-L 유형: 신중하고 내성적인 독립가
20. H-L-L 유형: 모험적이고 독립적인 개척자
21. H-L-H 유형: 자극을 즐기는 자유로운 활동가
22. L-H-H 유형: 의존적이지만 따뜻한 관계 지향형
23. H-H-L 유형: 경계적이고 예민하지만, 관계 피로가 적은 신중한 방어형
24. L-H-L 유형: 소극적이고 신중하며 관계 욕구가 낮은 조용한 관찰형
25. H-H-H 유형: 예민하고 불안하며 관계에 지나치게 민감한 과각성형
26. L-L-L 유형: 낮은 반응성의 고립적 안정형
27. L-L-H 유형: 정서적 독립과 관계 지향이 공존하는 온화한 관찰자형

27개 기질 유형에 대한 이해

27개 기질 유형(성격 유형도 마찬가지)을 자세히 살펴보면, 이들은 1)의 M-M-M 유형을 제외하면 다음의 세 가지 형태의 유형(1차, 2차, 3차 유형)으로 구분될 수 있다.

(1) 1차 유형: 세 척도 중 두 척도는 M이고, 한 척도만이 H 혹은 L인 경우이다. 이 유형에 관한 기술은 사실상 하나의 단일 척도가 높거나 혹은 낮은 프로파일을 해석한 것이다.

(2) 2차 유형: 세 척도 중 한 척도는 M이고, 두 척도가 H 혹은 L인 경우이다. 이 유형에 관한 기술은 세 척도 중 어느 두 척도 간에 2원 상호작용을 보이는 프로파일을 해석한 것이다.

(3) 3차 유형: 세 척도 모두 H 혹은 L인 경우이다. 이 유형에 관한 기술은 세 척도 간에 3원 상호작용을 보이는 프로파일을 해석한 것이다.

■ 01. M–M–M 유형: 조화롭고 유연한 균형형

→ (NS-M, HA-M, RD-M)

전반적 특징: 세 가지 기질 척도(NS: 자극추구, HA: 위험회피, RD: 보상 의존성)가 모두 중간 수준인 이 유형은 과도한 감정 반응이나 성향의 극단 없이, 안정성과 융통성 사이에서 균형을 이룬다. 새로운 자극에 무조건 뛰어들지도, 지나치게 회피하지도 않으며, 인간관계에서도 적당한 거리감과 정서적 반응을 유지한다.

강점: 다양한 상황에 부드럽게 적응하며 정서적으로 안정된 편이다. 급격한 기분 변화나 충동이 적어 신뢰감을 주며, 과하지도 부족하지도 않은 균형 잡힌 태도로 사회생활에 잘 적응한다. 관계에서도 지나친 의존 없이 조화로운 상호작용이 가능하다.

주의점: 뚜렷하게 부각(浮刻)되는 개성이나 특성이 부족해 보일 수 있다. 중립적인 태도가 장점이 될 수 있지만, 때로는 결단력이 약하거나 존재감이 흐릿하다는 인상을 줄 수 있다. 창의성이나 독창성이 강조되는 상황에서는 소극적으로 비칠 위험도 있다.

요약: 이 유형은 '균형 잡힌 사람, 무리 없이 어디에나 잘 스며드는 사람으로, 강한 극단 대신 안정된 조화를 선택하는 타입'이다. 지나치지 않음에서 오는 강점을 지닌 이 유형은, 때로는 '무난함'이 '평범함'으로 오해받기도 하지만, 복잡한 세상 속에서 중심을 지키는 데

탁월한 기질을 갖추고 있다.

■ 02. H-M-M 유형: 자극 중심 실험가형
→ 1차 유형: (NS-H, HA-M, RD-M)

전반적 특징: 새로운 자극과 경험에 대한 욕구가 강한 이 유형은 호기심이 많고 모험심이 크다. 다만, 위험회피 성향과 대인관계 의존성은 중간 수준이라, 충동성은 어느 정도 조절 가능하고 인간관계에서도 지나치게 의존적이거나 회피적이지 않다. 에너지 넘치면서도 사회적 조화는 해치지 않는, 비교적 안정된 탐색형이다.

강점: 창의적이고 혁신적인 아이디어를 자주 떠올리며, 새로운 도전을 두려워하지 않는다. 변화를 두려워하지 않고 유연하게 받아들이며, 자율성과 자기표현이 뛰어나다. 적당한 자기 조절력으로 무모함이 없이도 실행에 옮길 수 있는 추진력을 갖췄다. 인간관계에서도 기본적인 정서적 소통을 유지하며 독립성을 지킨다.

주의점: 일상적이고 반복적인 활동에서는 쉽게 지루함을 느끼며, 금방 싫증을 낼 수 있다. 자극을 추구하는 성향 때문에 현실적인 한계를 과소평가하거나 위험을 간과할 가능성도 있다. 인내심이 부족해 지속적인 노력이 필요한 일에는 쉽게 흥미를 잃을 수 있다.

요약: 이 유형은 '늘 새로운 자극을 좇는 도전가, 변화의 흐름을 즐기

는 탐색자형'이다.
"관계를 해치지 않으면서도 자신만의 길을 실험하고 싶은 사람."
이 유형은 열정과 호기심을 원동력 삼아 새로운 시도를 주도하는 데 강점을 지니지만, 루틴을 견디는 힘과 끈기 있는 완주가 필요한 과제에서는 에너지의 소진이 빨라질 수 있다.

■ 03. L-M-M 유형: 안정 지향 실용형
→ 1차 유형: (NS-L, HA-M, RD-M)

전반적 특징: 새롭고 자극적인 경험에는 큰 관심이 없으며, 익숙하고 예측할 수 있는 환경을 선호한다. 하지만 불안 수준이 높거나 관계에 지나치게 의존하지는 않아, 비교적 정서적으로 안정된 편이다. 실용적인 태도와 차분한 기질로 일관성을 지닌 성실한 사람으로 보인다.

강점: 안정성과 지속성을 중시하여 책임 있는 역할을 꾸준히 해내는 데 강점을 지닌다. 감정 기복이 적고 신중한 판단력을 갖추고 있어 실수를 줄이는 데 유리하다. 관계에서도 무리 없이 조화를 이루며, 의존적이지 않으면서도 적절한 정서적 교류를 유지한다. 조심성 있는 태도로 인해 무모한 시도나 감정적 결정은 드물다.

주의점: 새로운 자극이나 변화에 소극적일 수 있으며, 도전적 과제 앞에서 자신감을 잃기 쉽다. 창의적 사고나 융통성이 필요한 상황

에서는 기존 방식에만 집착해 유연하게 대처하지 못할 수 있다. 반복적인 일상에는 적응하지만, 급변하는 환경에는 피로감을 느낄 가능성이 있다.

요약: 이 유형은 '안정을 기반으로 차분하게 살아가는 실용주의자로 새로움보다는 익숙함, 변화보다는 일관성을 추구하는 타입'이다.
"새로움보다는 익숙함, 변화보다는 일관성을 추구하는 사람."
이 유형은 조용히 자기 자리를 지키며 실수를 줄이고 신뢰를 얻는 데 강하지만, 도전이 요구되는 상황에서는 한 발짝 나아가는 용기가 필요하다.

■ 04. M-H-M 유형: 예민한 신중형
→ 1차 유형: (NS-M, HA-H, RD-M)

전반적 특징: 이 유형은 잠재적인 위험이나 실패에 민감하게 반응하는 예민한 성향을 지녔으며, 조심성과 경계심이 두드러진다. 그러나 자극을 무작정 피하지는 않고, 관계에서도 과도하게 의존적이지 않다. 새로운 시도를 앞두고 머릿속에서 반복적으로 시뮬레이션하는 특유의 신중함과 계산된 판단력이 특징이다.

강점: 위험 요소를 빠르게 감지하고 사전에 철저히 대비하는 능력이 탁월하다. 충동을 잘 조절하며, 차분하고 이성적인 인상을 준다. 감정에 휘둘리지 않고도 안정적인 인간관계를 유지하며, 중대한 상

황에서 신중함과 계획성이 빛을 발한다. 실수를 줄이고 신뢰를 얻는 데 강점이 있다.

주의점: 불안과 걱정이 지나치면 결정 장애로 이어질 수 있고, 새로운 시도를 주저하거나 완벽주의에 빠지기 쉽다. 대인관계에서는 방어적이고 경직된 인상으로 인해 거리감이 생길 수 있으며, 만성적인 긴장 상태가 신체 증상으로 나타날 수도 있다. 지나친 신중함이 오히려 기회를 놓치는 요인이 될 수 있다.

요약: 이 유형은 '조심스럽고 계획적인 사고형으로 실수를 줄이지만 기회를 놓치기 쉬운 타입'이다. 내면의 불안을 통제하며 신중함을 무기로 삼지만, 때로는 그 신중함이 지나쳐 도전과 변화 앞에서 한 발짝 물러서는 경향이 있다. 유연성과 자기수용이 균형을 이루는 것이 핵심 과제다.

■ 05. M-L-M 유형: 낙관적 추진형
→ 1차 유형: (NS-M, HA-L, RD-M)

전반적 특징: 이 유형은 불안과 걱정이 적고, 전반적으로 낙관적인 태도로 삶을 대한다. 위기 상황에서도 쉽게 당황하지 않고 침착하게 대응하며, 지나친 충동이나 의존성 없이 자기 주도성과 사회성 사이에서 균형을 유지한다. 자극추구 성향이 중간이기에 무모하지 않으면서도 새로운 시도에 열려 있는 편이다.

강점: 실패나 비난에 크게 위축되지 않고, 담대하고 자신감 있는 태도를 보인다. 위험을 회피하기보다는 자연스럽게 도전하는 경향이 있어 실행력이 뛰어나고, 스트레스 상황에서도 긍정적인 태도를 유지한다. 인간관계에서는 과도한 눈치 보기 없이 자신을 표현하며, 편안하고 유연한 상호작용을 할 수 있다.

주의점: 낙관성에 비해 위험 인식이나 사전 대비가 부족할 수 있어, 실수를 반복할 가능성이 있다. 실패를 깊이 성찰하기보다는 가볍게 넘기는 경향이 있어 자기 성찰과 학습의 기회를 놓칠 수 있다. 조심성이 부족해 경솔하거나 무신경하다는 인상을 줄 수 있으며, 타인의 감정이나 반응을 간과할 경우 관계에서 거리감이 생기기도 한다.

요약: 이 유형은 '긍정적이고 추진력 있는 타입'이다. 다만 지나친 낙관은 경솔함으로 이어질 수 있다. 감정 안정성과 도전 정신을 겸비한 유형으로, 현실적인 리스크 감각과 자기 성찰 능력을 더한다면 더욱 균형 잡힌 성장을 이룰 수 있다.

■ 06. M-M-H 유형: 관계 중심형
→ **1차 유형:** (NS-M, HA-M, RD-H)

전반적 특징: 이 유형은 사람과의 관계에 큰 가치를 두며, 타인의 인정과 칭찬이 중요한 동기 요인이 된다. 감정적으로 민감한 편으로, 조화롭고 따뜻한 관계를 지향한다. 자극 추구와 불안 수준은 중간

정도로, 충동적이지 않으면서도 과도하게 불안해하지 않는다. 다만, 타인의 반응에 따라 감정 기복이 생기기 쉬운 경향이 있다.

강점: 공감 능력과 대인 감수성이 뛰어나 사회적 상황에 민감하게 반응하며 잘 적응한다. 따뜻하고 배려심 있으며, 사교적이고 협력적인 태도를 보인다. 인정 욕구가 강해 책임감 있고 성실한 경우가 많으며, 조직이나 모임에서 중심적인 역할을 맡기도 한다. 팀워크와 협동, 대인관계 능력에서 특히 강점을 보인다.

주의점: 타인의 눈치를 보느라 자기 기준이 흐려질 수 있으며, 비판이나 거절에 과도하게 상처받고 위축될 위험이 있다. 감정 기복이 커질 수 있고, 관계에서 오는 피로감이나 감정 소진이 누적될 수 있다. 스스로 판단보다는 타인의 기대에 따라 결정하거나 행동을 미루는 경향도 나타날 수 있다.

요약: 이 유형은 '공감과 유대를 통해 살아가는 따뜻한 관계 중심형'이다. 타인과의 조화를 잘 이루는 강점이 있지만, 자기 감정과 욕구를 외면하지 않고 내면의 소리에 귀 기울이는 연습이 필요하다. 관계 속에서도 '나'를 잃지 않는 균형이 핵심이다.

■ 07. M-M-L 유형: 독립적 자기 주도형
→ 1차 유형: (NS-M, HA-M, RD-L)

전반적 특징: 이 유형은 자기 확신이 있고 감정적으로 독립적인 성향을 보인다. 사람들과 어울릴 수는 있지만, 정서적 유대에 크게 의존하지 않으며 혼자서도 충분히 잘 해내는 능력이 있다. 타인의 평가나 기대에 휘둘리지 않고, 내면의 기준과 판단에 따라 움직이는 자기 주도적 태도가 강하다.

강점: 자율적이고 독립적이며, 외부의 인정보다 자신의 원칙을 중시한다. 감정적으로 안정적인 편으로, 감정 조절과 정서적 거리 조절이 능숙하다. 혼자서도 일을 잘 수행하며, 타인의 반응에 쉽게 흔들리지 않는다. 현실적인 시각과 냉철한 판단력을 지니고 있어 상황을 객관적으로 분석하는 데 능하다.

주의점: 타인의 감정을 민감하게 읽고 공감하는 데 어려움을 겪을 수 있다. 과묵하고 다소 차가운 인상으로 비칠 수 있으며, 인간관계를 수단으로 여긴다는 오해를 살 수 있다. 협력보다는 단독 행동을 선호해 팀워크가 필요한 상황에서는 제약이 따를 수 있다. 타인의 인정이 동기 유발에 크게 작용하지 않다 보니, 때로는 의욕 없어 보이거나 무관심하게 비칠 수 있다.

요약: 이 유형은 '혼자서도 잘 해내는 자기 주도적 독립형'이다. 감정

적으로 단단하고 내면 기준이 뚜렷한 유형이지만, 타인과의 소통과 공감의 여지를 넓히는 노력이 더해진다면 더 균형 잡힌 성장을 이룰 수 있다.

■ 08. H-L-M 유형: 충동적 회피형 탐험가
→ 2차 유형: (NS-H, HA-L, RD-M)

전반적 특징: 이 유형은 강한 자극추구 성향과 낮은 위험회피 기질을 동시에 지니고 있어, 매우 모험적이고 충동적인 성향을 보인다. 새로운 경험에 대한 호기심이 크고, 낯선 상황에도 거리낌 없이 뛰어드는 경향이 강하다. 보상의존은 중간 수준으로, 타인의 인정을 의식하긴 하나 그것이 행동의 중심 동기는 아니다.

강점: 두려움이나 불안에 얽매이지 않고 과감하게 도전한다. 실행력과 결단력이 뛰어나 창의적 프로젝트나 새로운 시도에 적합하다. 틀에 박히지 않은 자유로운 사고방식과 개성을 지니며, 활기차고 에너지 넘치는 분위기를 만들어낸다. 사교성도 적당히 갖추고 있어 대인관계에서 무리 없이 지낼 수 있다.

주의점: 위험 요소를 충분히 인식하거나 고려하지 않고 행동할 가능성이 크다. 충동적 선택이나 무모한 시도를 할 수 있으며, 장기적인 목표보다는 즉각적인 만족을 우선시하는 경향이 있다. 계획성과 지속성이 약하고, 감정 조절보다는 자극 추구나 회피 행동을 통해 스트

레스를 푸는 경향이 두드러진다.

요약: 이 유형은 '혼자서도 잘 해내는 자기 주도적 독립형'이다. 새로움을 향한 에너지와 추진력은 크지만, 충동성과 낮은 위험 인식은 장기적 안정성을 해칠 수 있어 감정 조절과 계획 훈련이 중요하다.

■ 09. L-H-M 유형: 조심스러운 관찰자
→ 2차 유형: (NS-L, HA-H, RD-M)

전반적 특징: 이 유형은 낮은 자극추구와 높은 위험회피 성향이 결합하여, 새롭고 낯선 자극에 대해 소극적이고 불안 회피적인 태도를 보인다. 보상의존은 중간 수준으로, 타인의 사회적 피드백에 어느 정도 영향을 받지만 지나치게 예민하지는 않은 편이다.

강점: 신중하고 계획적인 성향으로 위험을 미리 예측하고, 방지하는 데 능하다. 문제 상황에서 감정적으로 격해지기보다 관찰과 분석에 집중하며, 충동이 적고 일관된 행동 패턴을 유지한다. 장기적인 안목으로 안정적인 실행이 가능하며, 타인의 말과 행동에 민감해 예의 바르고 성실한 모습을 보인다.

주의점: 새로운 환경이나 변화에 대해 지나치게 불안해하거나 주저하는 경향이 있다. 실수에 대한 두려움이 커 도전의 기회를 스스로 차단할 수 있으며, 과도한 걱정 때문에 결정장애나 회피행동으로 이

어질 수 있다. 자신감이 부족해 적극적인 자기표현보다는 상황을 관망하는 모습이 두드러진다.

요약: 이 유형은 '신중하고 조심스러운 관찰자형'이다. 불확실한 상황에서 불안이 높고 충동은 적어, 정서적 안정과 점진적인 도전 경험이 필요하다. 타인의 반응에 중간 정도로 반응하므로 긍정적인 피드백을 활용해 자신감을 서서히 키우는 접근이 효과적이다.

■ 10. H-H-M 유형: 예민한 탐험가
→ 2차 유형: (NS-H, HA-H, RD-M)

전반적 특징: 이 유형은 상반된 기질을 동시에 지닌 독특한 성향이다. 새로운 자극에 대한 강한 호기심과 충동성(NS-H)이 있으면서도, 불안과 걱정, 실패 회피 성향(HA-H)이 함께 존재해 내면에서 '하고 싶지만 두렵다'라는 갈등이 자주 일어난다. 보상의존(RD)이 중간 수준으로, 타인에게 지나치게 의존하지는 않지만, 사회적 신호에 어느 정도 영향을 받는다.

강점: 새로운 정보와 자극에 민감하며, 뛰어난 관찰력과 창의적 사고력을 지녔다. 위험을 간파하는 능력이 있어 즉흥성과 신중함을 동시에 발휘할 수 있다. 열정과 경계심이 공존해 통찰력 있고 예리한 사고를 보이며, 사회적 기대에 유연하게 반응하면서 비판적 사고도 할 수 있다.

주의점: 내적 갈등으로 인해 행동 전에 과도한 고민과 결정 지연이 잦다. '하고 싶지만 무섭고 걱정된다'는 감정으로 인해 정서적 소모가 크며, 충동적으로 행동했다가 뒤늦게 자책하거나 후회하는 경우가 많다. 불확실한 상황에서는 회피적 태도를 보이거나 감정 기복이 심해질 수 있다.

요약: 이 유형은 '과감한 생각과 조심스러운 행동 사이에서 균형을 잡으려는 예민한 탐험가형'이다. 내적 불안이 외향적 에너지를 억누르지 않도록, 반복적 성공 경험과 안전한 도전 기회를 제공하는 것이 필요하다. 강요보다는 불안 감정을 다루는 정서적 코칭이 중요하다.

■ 11. L-L-M 유형: 안정 추구 관찰자
→ 2차 유형: (NS-L, HA-L, RD-M)

전반적 특징: 이 유형은 전반적으로 차분하고 안정적인 성향을 가진다. 새로운 자극이나 자극적인 활동에 관심이 적고(NS-L), 위험이나 실패에 대한 두려움도 크지 않기 때문에(HA-L) 크게 들뜨거나 걱정하지 않고 비교적 덤덤하게 일상을 살아간다. 보상의존(RD)은 중간 수준으로, 타인에게 지나치게 휘둘리지도, 지나치게 독립적이지도 않으며, 적당한 거리에서 사회적 관계를 유지한다.

강점: 감정 기복이 적고 안정적이며 평온한 분위기를 조성한다. 위험 상황에도 쉽게 흔들리지 않고 불안감이 거의 없다. 유행이나 외

부 자극에 쉽게 휩쓸리지 않으며, 자신의 페이스를 잘 유지하는 편이다. 조직이나 단체 내에서 균형 감각과 현실적인 시각을 제공하는 중요한 역할을 한다.

주의점: 변화나 자극을 스스로 추구하지 않아 활력이나 창의성이 부족해 보일 수 있다. 새로운 기회를 놓치거나 소극적이라는 인상을 줄 위험이 있다. 큰 불안이 없다는 장점이 있지만, 자기 성찰이나 감정 표현이 부족할 수 있다. 때로는 타인의 감정에 둔감하거나 사회적 상황에 무관심하다는 평가를 받을 수 있다.

요약: 이 유형은 '감정의 파도 없이 현실에 잘 적응하는 안정형'이다. 크게 불안하지도 도전적이지도 않다. 따라서 강한 외부 동기가 없으면 성장의 기회가 줄어들 수 있다. 이들에게는 안전한 환경 속에서 자발적인 도전과 감정 표현을 격려하는 경험이 필요하다.

■ 12. H-M-H 유형: 감정 기복이 크고 따뜻한 모험가
→ **2차 유형:** (NS-H, HA-M, RD-H)

전반적 특징: 이 유형은 새로움과 자극을 적극적으로 추구하면서도 타인과의 정서적 유대감을 매우 중요하게 여긴다. 중간 정도의 불안 성향(HA-M) 덕분에 상황 판단과 감정 조절이 어느 정도 가능하다. 총체적으로 다정하고 매력적이며, 사람들과 함께 즐거운 활동을 즐기는 외향적인 성향이다.

강점: 새로운 시도에 두려움 없이 뛰어드는 용기와 도전 정신이 뛰어나다. 타인과 따뜻하고 감정적으로 깊은 연결을 잘 만들어내며, 사회적 활동과 협업 상황에서 주도적이면서도 공감적인 태도를 보인다. 감정 표현이 자연스럽고, 사람들에게 긍정적인 에너지와 유쾌함을 전달한다.

주의점: 충동적인 선택과 감정 기복으로 인해 지속성과 안정성이 떨어질 수 있다. 타인의 반응에 지나치게 민감해 자기 감정을 잃을 위험이 있다. 과도한 외부 자극 추구로 주의 산만, 감정 소모, 피로감을 경험할 수 있으며, 때로는 자신을 타인에게 맞추려는 경향이 강해 자율성이 약해질 수 있다.

요약: 이 유형은 '따뜻하고 활동적인 공감형 모험가'이다. 감정이 풍부하고 새로움에 민감하지만, 충동성과 감정 기복을 조절하는 자기조절력이 필요하다. 이들에게는 감정 인식과 안정감 유지를 돕는 환경이 매우 중요하다.

■ 13. L-M-H 유형: 조용하지만 깊이 있는 신중한 애정형
→ 2차 유형: (NS-L, HA-M, RD-H)

전반적 특징: 이 유형은 새로운 자극이나 모험에 대한 욕구는 낮고, 익숙하고 안전한 환경을 선호한다. 그러나 타인과의 정서적 유대와 지지를 매우 중요하게 여기며, 가까운 사람들과 깊은 애정을 나누

다. 위험회피 성향이 중간 수준이라 지나치게 불안해하지 않으면서도 상황을 신중하게 판단하려는 태도를 보인다.

강점: 조용하고 차분한 분위기 속에서 상황을 섬세하게 관찰하고 분석한다. 따뜻하고 충실한 태도로 사람들과 신뢰 관계를 잘 형성하며, 타인의 감정과 요구를 잘 알아채고 세심하게 배려한다. 무모하지 않으면서도 필요할 때는 도전할 수 있는 균형 잡힌 행동 양식을 갖고 있다.

주의점: 자극추구 성향이 낮아 새로운 변화나 기회에 반응하는 속도가 느릴 수 있다. 안전을 우선시하는 경향 때문에 변화에 유연하게 적응하는 데 어려움을 겪기도 한다. 감정적으로 가까운 관계에 많이 의존하다 보면, 대인관계에서 상처를 받기 쉽다. 내향적인 성향으로 인해 자기표현이 부족하거나, 갈등 상황에서 지나치게 소극적일 수 있다.

요약: 이 유형은 '내향적이지만 애정이 깊은 신중한 조력자'다. 새로움보다는 익숙함과 안정감을 선호하며, 타인과의 정서적 유대를 통해 에너지를 얻는다. 이들에게는 친밀한 관계망과 감정적으로 안전한 환경이 큰 힘이 된다.

■ **14. H-M-L 유형: 모험적이고 독립적인 현실주의자**
→ **2차 유형: (NS-H, HA-M, RD-L)**

전반적 특징: 이 유형은 새로운 경험과 도전을 즐기며, 자극과 변화를 적극적으로 탐색하는 성향을 보인다. 위험을 인식할 수 있는 균형 감각을 갖추고 있으나, 두려움에 크게 얽매이지 않아 모험적인 행동을 자주 보인다. 타인의 인정이나 지지에 크게 의존하지 않으며, 독립적이고 자기 주도적인 태도가 두드러진다.

강점: 높은 호기심과 탐험심으로 혁신적이고 창의적인 아이디어를 자주 제시한다. 불안과 두려움을 적절히 조절하면서 과감하게 도전할 수 있는 용기를 지닌다. 자기 주도적이며, 외부의 기대보다 자신의 기준과 가치에 따라 행동한다. 현실적인 시각과 빠른 판단력으로 효율적인 문제 해결 능력을 보인다.

주의점: 타인의 감정이나 반응에 무심할 수 있어 관계에서 단절감이나 오해가 생길 수 있다. 높은 자극 추구 성향은 때때로 충동적이거나 무모한 행동으로 이어질 수 있다. 자유롭고 독립적인 태도가 책임 회피나 협력 부족으로 비춰질 우려가 있다. 팀워크보다는 개인 목표나 독립적 성취에 집중하는 경향이 강하다.

요약: 이 유형은 '도전적이고 자기 주도적인 현실주의자'다. 변화와 자극을 즐기며, 타인의 시선보다는 자신의 판단과 자유를 중시한다.

자기 확신이 강하지만, 대인관계에서 감정적 연결이나 공감능력을 키우는 노력이 필요할 수 있다.

■ 15. L-M-L 유형: 신중하고 내향적인 현실주의자
→ 2차 유형: (NS-L, HA-M, RD-L)

전반적 특징: 이 유형은 새로운 자극이나 변화에 관한 관심이 낮고, 익숙하고 예측할 수 있는 환경에서 심리적 안정감을 느낀다. 위험에 대해서는 중간 정도로 신중하게 대처하며, 과도한 걱정은 하지 않지만, 섣부른 판단도 피하려는 경향이 있다. 타인의 인정이나 지지에 크게 의존하지 않으며, 자기 주도적으로 살아가는 내향적 성향이 뚜렷하다.

강점: 안정적이고 일관된 태도로 주변에 신뢰감을 준다. 불필요한 걱정에 휘둘리지 않으며, 상황을 침착하게 판단하고 행동할 수 있다. 타인의 기대에 크게 휘둘리지 않고 자신의 방식을 유지하며, 혼자서도 문제를 해결할 수 있는 독립성과 자기 효율성이 높다.

주의점: 낮은 자극 추구 성향으로 인해 새로운 경험이나 변화에 소극적일 수 있다. 타인과의 정서적 교류에 거리감을 두어 사회적 고립이나 관계 형성의 어려움을 겪을 수 있다. 위험회피가 중간 수준이지만, 상황 판단에 시간이 걸려 결정이 늦어질 수 있다. 독립적인 방식을 선호하다 보니 협력이나 팀워크 상황에서는 어려움을 겪을

가능성도 있다.

요약: 이 유형은 '조용하지만 단단한 현실주의자'다. 변화보다는 안정과 익숙함을 선호하며, 외부 자극보다 내면의 질서와 독립성을 중요하게 여긴다. 자기 주도성이 강하지만, 대인관계나 새로운 도전 앞에서는 보다 유연한 태도가 도움이 될 수 있다.

■ 16. M-H-H 유형: 민감하고 사회적인 이상주의자
→ 2차 유형: (NS-M, HA-H, RD-H)

전반적 특징: 이 유형은 새로운 자극에 대해 적당한 호기심을 갖고 있으면서도, 불확실하거나 위험한 상황에는 매우 조심스럽게 반응한다. 위험회피 성향이 높아 불안감이 크고 스트레스에 민감하며, 동시에 타인의 인정과 지지를 강하게 필요로 한다. 감정이 풍부하고 타인의 감정에 대한 공감 능력이 뛰어나지만, 걱정이 많고 자신감이 부족할 수 있다.

강점: 높은 공감 능력과 민감성으로 타인을 섬세하게 배려하며, 대인관계에서 조화로운 모습을 보인다. 위험에 대한 신중한 접근으로 신중하고 세밀한 의사결정이 가능하다. 타인의 기대와 감정에 민감하게 반응하며, 협력적이고 협동적인 태도를 지닌다. 감정 표현이 풍부하고 예술적·창의적 활동에서 잠재력을 발휘할 수 있다.

주의점: 불안과 스트레스에 예민하게 반응하여 과도한 걱정이나 자

기 비판에 빠지기 쉽다. 타인의 평가나 시선에 민감해 자존감이 흔들릴 수 있고, 긴장 상황에서 쉽게 위축되거나 회피행동을 보일 수 있다. 독립적 판단보다는 타인에게 지나치게 의존할 위험이 있으며, 자기 확신이 부족한 모습으로 나타날 수 있다.

요약: 이 유형은 '민감하고 따뜻한 사회적 이상주의자'다. 자신과 타인의 감정에 모두 예민하게 반응하며, 조화롭고 협력적인 관계를 추구한다. 섬세하고 배려 깊지만, 불안감과 낮은 자기 확신은 삶의 다양한 영역에서 부담으로 작용할 수 있다. 감정적 안정과 자기 신뢰를 키우는 경험이 중요한 유형이다.

■ 17. M-L-L 유형: 차분하고 독립적인 현실주의자
→ 2차 유형 (NS-M, HA-L, RD-L)

전반적 특징: 이 유형은 새로운 경험에 대해 적당한 호기심과 탐색 성향을 보이지만, 위험에 대해 크게 두려워하지 않는다. 위험회피와 보상 의존 성향이 낮아 스트레스에 강하고 독립적인 성향이 두드러지며, 타인의 인정이나 평가에 크게 흔들리지 않는다. 자신의 원칙과 가치에 따라 실용적이고 현실적인 태도로 삶을 이끌어간다.

강점: 위험을 두려워하지 않고 과감하게 도전할 수 있는 용기를 지녔다. 스트레스 상황에서도 흔들림이 적고 감정 기복이 크지 않아 안정적이다. 타인의 기대나 인정보다 자기 주도적인 기준에 따라 행

동하며, 실용적이고 현실적인 판단력으로 문제를 효과적으로 해결한다.

주의점: 타인과의 정서적 교류가 부족할 수 있으며, 감정을 드러내는 데 소극적일 수 있다. 지나치게 독립적이거나 자기 고집이 세 협력적 관계 형성에 어려움을 겪을 수 있다. 사회적 유대가 약해 고립되거나 외로움을 느낄 가능성이 있으며, 필요할 때 타인의 도움이나 지지를 구하는 데 어려움을 보일 수 있다.

요약: 이 유형은 '차분하고 독립적인 현실주의자'이다. 두려움 없이 도전하고 스트레스에 강한 특징을 지닌다. 자기 주도적이며 실용적인 삶을 추구하지만, 감정적 유대가 약하거나 사회적 연결에서 소외감을 경험할 수 있다. 적절한 관계 맺기와 감정 표현의 균형이 필요한 유형이다.

■ 18. M-L-H 유형: 독립적이면서도 사회적 관계를 중시하는 실용주의자
→ 2차 유형: (NS-M, HA-L, RD-H)

전반적 특징: 이 유형은 새로운 경험에 적당한 호기심을 갖고 있으며, 위험에 대해 크게 두려워하지 않는다. 동시에 사회적 유대감과 인정 욕구가 높아 타인과의 친밀한 관계를 중요하게 여기고, 타인의 반응에 민감하게 반응하는 경향이 있다. 독립성을 유지하면서도 조화로운 대인관계를 추구하는 균형 감각이 특징이다.

강점: 자기 주도적인 삶을 유지하면서도 타인과 협력하고 관계를 유지하려는 능력이 뛰어나다. 스트레스 상황에서도 침착하게 대응하며, 위험을 감수할 수 있는 용기를 지닌다. 타인에게 애정과 관심을 잘 표현하고, 사회적 지지를 능동적으로 활용한다. 현실적이고 실용적인 판단력으로 새로운 경험에도 유연하게 적응한다.

주의점: 타인의 인정과 평가에 지나치게 의존할 경우 감정적으로 쉽게 흔들릴 수 있다. 독립성과 사회적 욕구 사이에서 내적 갈등을 경험할 수 있으며, 때로는 자신의 욕구를 억누르고 타인의 기대에 과도하게 부응하려는 경향이 나타날 수 있다. 대인관계에서 생긴 스트레스가 내면의 불안으로 이어질 가능성도 있다.

요약: 이 유형은 '독립적이면서도 사회적 관계를 중시하는 실용주의자'이다. 위험을 두려워하지 않으며 자기 주도성과 대인관계의 균형을 중시한다. 타인의 인정과 친밀한 관계를 중요하게 여기지만, 때때로 그로 인해 감정적으로 흔들릴 수 있는 면이 있다.

■ 19. M-H-L 유형: 신중하고 내성적인 독립가
→ 2차 유형: (NS-M, HA-H, RD-L)

전반적 특징: 이 유형은 새로운 경험에 적당히 개방적이지만, 위험과 불확실성에는 민감하고 조심스럽게 반응한다. 사회적 인정이나 친밀감에 대한 욕구는 낮은 편으로, 독립적이고 혼자 있는 것을 편

안하게 느낀다. 내향적이며 자기 보호적 성향이 강하고, 불안과 긴장감을 쉽게 느끼는 경향이 있다.

강점: 위험 요소를 민감하게 감지하고 신중하게 행동하여 실수나 문제를 미연에 방지한다. 혼자 있는 시간을 통해 내면을 돌보고 깊은 자기 성찰이 가능하다. 위기 상황에서도 섣불리 움직이기보다는 조심스럽고 세심하게 대응한다. 독립성이 높아 자기 주도적으로 과업을 수행하는 데 강점을 보인다.

주의점: 불안과 걱정이 많아 새로운 도전이나 변화에 소극적일 수 있다. 대인관계에서 일정한 거리를 유지하려 하여 고립감을 느낄 가능성이 있다. 타인의 도움을 받기보다 스스로 해결하려는 경향이 강해 부담이 쌓일 수 있다. 자기비판과 자기 의심이 심해지면 스트레스가 누적될 수 있다.

요약: 이 유형은 '신중하고 내성적인 독립가'이다. 위험에 민감하고 사회적 의존이 낮아 조심스럽고 자기 보호적인 태도를 보인다. 독립성과 자기 성찰의 힘이 크지만, 외부 변화나 대인관계에서의 고립 위험에는 주의가 필요하다.

■ 20. H-L-L 유형: 모험적이고 독립적인 개척자
→ 3차 유형: (NS-H, HA-L, RD-L)

전반적 특징: 이 유형은 새로운 경험과 도전을 매우 즐기며, 위험이나 불확실성을 두려워하지 않는다. 사회적 인정이나 타인의 기대에 크게 얽매이지 않고, 독립적이고 자기 주도적인 성향이 강하다. 모험심이 뛰어나며 한계를 넘어서는 활동에 끌리고, 변화를 능동적으로 추구한다.

강점: 새로운 환경이나 상황에 빠르게 적응하고, 적극적으로 탐색하며 도전한다. 위험을 감수하면서도 혁신적이고 창의적인 아이디어를 만들어낸다. 자기 주도적이고 독립적인 태도로 문제 해결에 능하며, 타인에 의존하지 않고 자신의 힘으로 목표를 이루려는 의지가 강하다.

주의점: 충동적이거나 과감한 행동으로 인해 예기치 않은 위험에 노출될 수 있다. 사회적 유대감이 낮아 협력이나 조화로운 관계 형성에 어려움을 겪을 수 있다. 자신의 욕구에 집중하다 보면 주변 사람의 감정이나 필요를 놓치기 쉽다. 때로는 책임감이 부족하거나 무모하게 보일 수 있다.

요약: 이 유형은 '모험적이고 독립적인 개척자'이다. 높은 자극추구 성향과 낮은 위험회피·보상의존 특성을 바탕으로 대담하고 자유로

운 삶을 지향한다. 창의성과 추진력이 뛰어나지만, 충동성과 대인관계 측면에서 조율이 필요하다.

■ 21. H-L-H 유형: 자극을 즐기는 자유로운 활동가
→ 3차 유형:(NS-H, HA-L, RD-H)

전반적 특징: 이 유형은 자극과 변화를 적극적으로 추구하면서도, 타인과의 관계나 정서적 연결에도 민감하다. 위험을 크게 두려워하지 않으며 새로운 것을 시도하는 데 주저함이 없지만, 동시에 타인의 반응, 인정, 소속감을 중요하게 여긴다. 즉흥적이고 감정 표현이 풍부하며, 활동적이고 외향적인 성향이 두드러진다.

강점: 새로운 활동이나 사람들과의 교류에 활발하게 참여하며, 쉽게 친밀감을 형성한다. 열정적이고 카리스마가 있어 분위기를 주도하거나 팀을 이끄는 데 능하다. 실패에 크게 좌절하지 않고 빠르게 회복하여 다음 기회를 모색한다. 따뜻하고 감정적으로 민감하여 깊은 인간관계를 형성하고, 소속감을 소중히 여긴다.

주의점: 충동적으로 타인의 감정에 과도하게 반응하거나, 인정 욕구에 지나치게 휘둘릴 수 있다. 계획성과 인내력이 부족해 일관된 집중이나 지속적인 노력이 어려울 수 있다. 위험 요소를 충분히 고려하지 않고 인간관계나 도전에 무작정 뛰어드는 경향이 있다. 외부 자극이나 타인의 반응에 지나치게 의존할 경우, 자존감이 흔들

릴 위험도 있다.

요약: 이 유형은 '자극을 즐기는 자유로운 활동가'이다. 대담하고 사교적이며 감정적으로 풍부한 성향을 지닌다. 활동성과 인간관계 모두에서 에너지를 발휘하지만, 충동성과 외부 의존성에 대한 주의가 필요하다.

■ 22. L-H-H 유형: 의존적이지만 따뜻한 관계 지향형
→ 3차 유형: (NS-L, HA-H, RD-H)

전반적 특징: 새롭고 도전적인 자극에는 큰 흥미를 느끼지 않지만, 정서적 유대감에는 매우 민감하게 반응한다. 불확실한 상황에서 불안을 느끼며, 안정적인 인간관계를 통해 보호받고자 하는 욕구가 강한 편이다. 타인의 기대를 중요하게 여기며, 관계 속에서 자신의 위치를 확인하려는 성향이 있다.

강점: 다정하고 공감 능력이 뛰어나 사람들과 정서적으로 잘 연결된다. 배려심과 헌신성이 커, 돌봄이 필요한 상황에서 자연스럽게 행동한다. 갈등을 피하고 관계의 조화를 중시하여, 집단 내 평화로운 분위기를 조성하는 데 기여한다. 타인의 감정을 세심하게 살피는 능력이 강하다.

주의점: 불안과 걱정이 많아 새로운 시도나 변화에 소극적일 수 있다. 타인의 감정과 평가에 과도하게 의존하고, 거절이나 비판에 예

민하게 반응한다. 자기 결정권이 약화되어 수동적인 삶의 태도로 이어질 가능성이 있다. 독립성과 주도성이 부족해, 자신만의 길을 개척하는 데 어려움이 따른다.

요약: 이 유형은 '늘 안전한 울타리 안에서 누군가와 함께 있고 싶어 하고, 모험보다는 평화, 도전보다는 따뜻한 관계에서 위안을 얻는 타입'이다. 정서적 유대와 안정적인 관계 속에서 가장 잘 자라는 사람으로, 혼자보다는 누군가의 곁에서 존재 가치를 느끼고 싶어 하는 유형이다. 새로운 길보다는 익숙한 길, 혼자보다는 함께일 때 마음이 놓이는 사람이다.

■ 23. H-H-L 유형: 경계적이고 예민하지만, 관계 피로가 적은 신중한 방어형
→ 3차 유형: (NS-H, HA-H, RD-L)

전반적 특징: 이 유형은 내적으로 자극을 추구하고 호기심이 많지만, 동시에 불안 수준이 높아 늘 경계하고 신중한 태도를 보인다. 타인과의 정서적 연결에는 상대적으로 둔감해, 사회적 평판이나 타인의 반응에 크게 영향을 받지 않는다. 그 결과 내면은 불안하지만, 대인관계에서는 비교적 피로를 덜 느끼는 독특한 기질을 지닌다.

강점: 새롭고 창의적인 아이디어를 잘 떠올리며, 상상력이 풍부하다. 낯선 자극에 민감하게 반응해 위험 감지 능력이 뛰어나고, 돌발 상황에도 잘 대비한다. 감정적으로 독립적인 성향이 강해, 관계에

얽매이지 않고 자신에게 집중하며 효율적으로 일할 수 있다.

주의점: 불안과 경계심이 높아 행동에 옮기기까지 시간이 오래 걸리거나 회피로 이어질 수 있다. 타인의 감정이나 사회적 분위기를 섬세하게 감지하지 못해, 공감 부족이나 거리감 있는 인상을 줄 수 있다. 내적 긴장감은 높지만 이를 외부에 표현하지 않아, 적절한 시점에 도움을 요청하거나 협업하기 어려울 수 있다.

요약: 이 유형은 '자극은 좋아하지만 항상 걱정이 앞서고, 사람보다는 아이디어와 시스템에 관심이 많고, 쉽게 긴장을 놓지 못하는 성향'이다. 새로운 자극과 아이디어를 즐기면서도 높은 불안과 경계심으로 신중하게 행동한다. '신중한 방어자'로서 아이디어와 시스템에 몰입하며 내적 긴장 속에서도 세상을 관찰하는 성향이다.

■ **24. L-H-L 유형: 소극적이고 신중하며 관계 욕구가 낮은 조용한 관찰형**
→ **3차 유형:** (NS-L, HA-H, RD-L)

전반적 특징: 이 유형은 새로운 자극에 대한 호기심이 낮고, 불확실성이나 위험에 대해 민감하게 반응하며, 타인과의 정서적 유대 욕구도 낮아 조용하고 독립적인 성향을 지닌다. 변화를 꺼리고 혼자 있는 시간을 선호하며, 사회적 관계에 큰 비중을 두지 않는 내향적이고 신중한 유형이다.

강점: 자기 통제력이 뛰어나 즉흥적 행동보다는 충분한 고민 후 신중하게 움직인다. 사회적 압력에 쉽게 흔들리지 않고, 외부의 평가보다는 자신의 기준에 집중한다. 일관된 루틴과 익숙한 환경에서 안정감을 느끼며, 성실하게 맡은 바 임무를 수행한다.

주의점: 변화나 낯선 상황을 회피하는 경향이 있어 성장의 기회를 놓칠 수 있다. 불안 수준은 높으나 정서적 교류가 적어 내면을 공유하거나 지지를 받기 어려울 수 있다. 타인의 요구나 감정에 무관심하게 보이거나, 때로는 무뚝뚝하고 폐쇄적인 인상을 줄 수 있다.

요약: 이 유형은 '조용히 익숙한 방식으로 혼자 일하는 것을 선호하고, 눈에 띄지 않지만 자신만의 방식으로 조심스럽게 세상을 관찰하며 살아가는 사람'이다. 내면에는 불안과 신중함이 공존하지만, 겉으로는 차분하고 독립적인 모습을 유지한다. 그리고 사회적 관계에 큰 에너지를 쏟지 않고 자신만의 공간에서 안정과 평화를 추구한다.

■ 25. H-H-H 유형: 예민하고 불안하며 관계에 지나치게 민감한 과각성형
→ 3차 유형: (NS-H, HA-H, RD-H)

전반적 특징: 이 유형은 세 기질이 모두 높아 내적으로 과각성(overarousal) 상태에 놓이기 쉽다. 자극을 적극적으로 추구하는 동시에 불안감도 크고, 예측하기 어려운 상황에 과도하게 긴장하며 타인의 반응에 매우 민감하게 반응한다. 즉, 새로운 것을 좋아하지만,

걱정도 많고, 사람들과 친밀하게 지내고 싶지만 쉽게 상처받는, 모순적인 성향이 공존하는 복잡한 기질이다.

강점: 뛰어난 공감 능력으로 섬세한 배려가 가능하며, 다양한 자극에 호기심이 많아 창의적인 아이디어와 표현력을 갖춘다. 위험 신호에 민감해 빠르게 대응하는 조기 경고자 역할도 할 수 있다.

주의점: 강한 자극 욕구와 불안이 충돌해 쉽게 지치고 감정적으로 소진될 위험이 크다. 타인의 평가에 과도하게 신경 쓰며, 자기 주도성이 약해질 수 있다. 관계에서 상처를 자주 받으며 감정 기복과 피로를 경험할 가능성이 높다.

요약: 이 유형은 '흥미와 걱정이 공존하고, 관계에 예민하게 반응하는 복잡한 감정의 롤러코스터형'이다. 내면의 긴장과 감정 기복이 크며, 세상과 사람들 사이에서 끊임없이 균형을 찾으려는 사람으로, 섬세하고 정서적인 공감 능력이 뛰어난 만큼, '과부하'와 '번아웃'에 특히 취약하다.

■ 26. L-L-L 유형: 낮은 반응성의 고립적 안정형
→ **3차 유형: (NS-L, HA-L, RD-L)**

전반적 특징: 이 유형은 자극 추구, 불안, 사회적 민감성이 모두 낮아 전반적으로 감정 반응이 크지 않고 차분한 편이다. 외부 자극이

나 타인의 영향에 쉽게 흔들리지 않는 안정된 기질을 지니며, 독립적이고 내향적인 성향이 강해 외부 세계보다는 자기 내면에 머무르기를 선호한다. 대체로 고요하고 감정 기복이 적으며, 관계나 상황에 휘둘리지 않아 무심하거나 덤덤한 인상을 줄 수 있다. 감정 표현도 절제되어 있어 겉으로는 '무던한 사람'처럼 보일 수 있다.

강점: 감정 기복이 적어 대부분의 상황에서 차분하고 안정된 태도를 유지할 수 있다. 타인의 말이나 분위기에 쉽게 흔들리지 않으며, 자기중심을 지키면서 독립적으로 사고한다. 자율성과 내적 독립성이 강해 외부 자극이나 평가에도 쉽게 영향을 받지 않는다.

주의점: 자극 추구, 감정 반응, 관계 민감성 모두 낮아서 정서적 무감동이나 회피 경향으로 나타날 수 있다. 또한 타인의 감정이나 분위기에 둔감해 보여 '공감 부족'이나 '냉정하다'라는 인상을 줄 수 있다. 변화나 도전, 사회적 상호작용을 피하다 보면 개인의 성장 기회를 놓칠 수 있다.

요약: 이 유형은 '조용하고, 무던하며, 혼자서도 편안하게 지내는 사람'이다. 사회적 요구나 외부 자극에 크게 흔들리지 않고, 자기 세계 안에서 평온을 유지하는 성향으로 급변하는 환경보다는 익숙하고 예측할 수 있는 일상에서 안정감을 느끼는 사람이다.

■ 27. L-L-H 유형: 정서적 독립과 관계 지향이 공존하는 온화한 관찰자형
→ 3차 유형: (NS-L, HA-L, RD-H)

전반적 특징: 이 유형은 자극과 불안에는 둔감하지만, 대인관계에는 민감한 사람이다. 쉽게 말해 외부 세계의 변화나 위협에 예민하게 반응하지 않으면서도, 타인과의 정서적 연결을 중요하게 여긴다. 큰 자극이나 도전을 추구하지는 않지만, 관계 속에서는 따뜻하고 배려심 있는 태도를 보이며, 전반적으로 조용하고 차분한 가운데 사람들과의 유대감을 중시하는 경향이 있다.

강점: 위협이나 변화에 과도하게 반응하지 않아 감정적으로 안정되고 차분한 태도를 유지할 수 있다. 관계 민감성이 높아 주변 사람들에게 따뜻하고 친절하게 다가가며, 정서적 지지자로 인식된다. 과도한 자극이나 경쟁을 피하면서도 조용한 헌신과 공감으로 관계를 유지하고 지지하는 데 강점을 지닌다.

주의점: 자극 추구와 위험 회피 성향이 모두 낮기 때문에 동기 유발이 어렵고, 때때로 무기력하거나 의욕이 없는 사람으로 보일 수 있다. 타인의 감정에는 민감하지만, 자신의 감정을 표현하는 데는 소극적일 수 있다. 관계에서 정서적 유대를 중요시하는 만큼, 상처를 받거나 거절당했을 때 쉽게 위축되거나 소외감을 느낄 수 있다.

요약: 이 유형은 '온화하고 따뜻하지만, 자극을 추구하지 않는 정서

적 관계 중심형'이다. 혼자 있는 걸 좋아하면서도, 진심 어린 관계에는 깊이 마음을 쓰는 사람으로 외부 자극엔 둔감하지만, 관계엔 민감하다.

성격 유형별 특성 기술

6부

27개 성격 유형

01. M-M-M 유형: 균형 잡힌 잠재적 성장형
02. H-M-M 유형: 자기 주도적 현실 조율형
03. L-M-M 유형: 외부 의존적 방황형
04. M-H-M 유형: 조화지향 협동형
05. M-L-M 유형: 개성이 강한 독립 추구형
06. M-M-H 유형: 내면 탐색형 사색가
07. M-M-L 유형: 현실 기반 실용가
08. H-H-M 유형: 신뢰받는 책임감 있는 리더
09. L-L-M 유형: 내면의 혼란 속에서 방황하는 사람
10. H-L-M 유형: 자기주장 강하고 독립적이나, 인간관계에서 마찰이 잦은 사람
11. L-H-M 유형: 자신감은 부족하지만, 남을 잘 도우며 관계에 헌신하는 사람
12. H-M-H 유형: 자기 통제된 이상주의자, 정신적 지도자형
13. L-M-L 유형: 의욕 저하형 현실 순응자, 수동적 생존형
14. H-M-L 유형: 현실주의적 자기관리자, 독립형 실용주의자
15. L-M-H 유형: 이상주의적 회의자, 정체성 탐색형
16. M-H-H 유형: 공감적 이상주의자, 헌신적 성찰가
17. M-L-L 유형: 독립적인 개인주의자, 무관심한 회의주의자
18. M-H-L 유형: 현실적인 협력가, 실용적 관계주의자
19. M-L-H 유형: 자유로운 이상주의자, 변방의 영적 탐색자
20. L-L-L 유형: 방향을 잃은 방랑자, 자기와 타인을 모두 놓친 사람
21. L-L-H 유형: 현실과 동떨어진 신비주의자, 의미에 몰입하되 실행과 관계는 부족한 사람
22. L-H-L 유형: 착하지만 우유부단한 사람, 책임감 없이 타인을 따르기 쉬운 조력자
23. H-L-L 유형: 냉철하고 자기중심적인 현실주의자
24. H-H-H 유형: 성숙하고 포용력 있는 자기초월형 인간
25. H-H-L 유형: 현실적이고 책임감 있는 실용주의자
26. H-L-H 유형: 독립적이며 영적 탐색을 즐기는 고독한 이상가
27. L-H-H 유형: 의존적이지만 따뜻하고 헌신적인 이상주의자

27개 성격 유형에 대한 이해

기질 유형의 분류 방식과 마찬가지로 27개 성격 유형을 자세히 살펴보면, 이들은 1)의 M-M-M 유형을 제외하면 다음의 세 가지 형태의 유형(1차, 2차, 3차 유형)으로 구분될 수 있다.

(1) 1차 유형: 세 척도 중 두 척도는 M이고, 한 척도만이 H 혹은 L인 경우이다. 이 유형에 관한 기술은 사실상 하나의 단일 척도가 높거나 혹은 낮은 프로파일을 해석한 것이다.

(2) 2차 유형: 세 척도 중 한 척도는 M이고, 두 척도가 H 혹은 L인 경우이다. 이 유형에 관한 기술은 세 척도 중 어느 두 척도 간에 2원 상호작용을 보이는 프로파일을 해석한 것이다.

(3) 3차 유형: 세 척도 모두 H 혹은 L인 경우이다. 이 유형에 관한 기술은 세 척도 간에 3원 상호작용을 보이는 프로파일을 해석한 것이다.

■ 01. M-M-M 유형: 균형 잡힌 잠재적 성장형

→ SD(자기주도성): M(중간), C(협동성): M(중간), ST(자기초월): M(중간)

전반적 특징: 이 유형은 자기 통제, 대인관계, 의미 추구라는 세 영역에서 모두 중간 수준의 균형을 이루는 성격이다. 특정 성향이 두드러지지 않아 겉으로는 조용하고 무던해 보이지만, 다양한 환경에 무리 없이 적응하는 유연함을 지니고 있다. 스스로 삶을 이끌고자 하는 의지와 타인에 대한 배려심이 적절히 공존하며, 초월적 가치에 관심은 있지만 깊게 몰입하지는 않는 편이다. 전반적으로 '균형 잡힌 조율자'의 면모를 갖춘 유형이다.

강점: 자신과 타인, 현실과 이상 사이에서 극단에 치우치지 않고 균형감 있게 사고하고 행동할 수 있다. 독립성과 협동성, 실용성과 이상 사이에서 상황에 따라 적절히 조율하며 움직이기에, 팀 내 중재자나 조율자 역할에 강점을 보인다. 급격한 가치 충돌이나 정체성 혼란 없이 일상을 안정적으로 유지할 수 있는 내적 기반을 갖추고 있다.

주의점: 모든 영역이 평균 수준이다 보니, 뚜렷한 개성이나 존재감이 부족하다는 평가를 받을 수 있다. 스스로의 정체성을 선명하게 규정하기 어려워 선택과 결단이 필요한 순간에 우유부단하게 보일 수 있으며, 방향성이 모호해질 경우 자기 삶에 대한 고민 없이 일상에만 머무를 위험도 있다.

요약: "특출나지 않지만 어디서든 잘 적응하는 중간형 인간이다."
조화로운 만큼 흐릿해질 수 있는 '잠재적 가능성 보유자'로서 균형은 장점이지만 정체성의 딜레마가 될 수 있다.

■ 02. H-M-M 유형: 자기 주도적 현실 조율형
→ SD(자기주도성): H(높음), C(협동성): M(중간), ST(자기초월): M(중간)

전반적 특징: 이 유형은 삶을 스스로 책임지고 이끌려는 의지가 강한 성격이다. 목표 지향적이며, 실용성과 효율성을 중시하고, 독립적인 태도를 유지한다. 협력하거나 의미를 찾는 성향도 있지만, 궁극적으로는 자신의 판단과 가치관을 우선시한다. 이런 특성 때문에, 때때로 타인과의 감정적 거리감이나 공동체 내 독립적인 이미지로 비칠 수 있다.

강점: 계획적이고 책임감 있는 행동을 바탕으로 높은 목표 달성 능력을 보인다. 자기주도적 사고로 인해 의사결정이 빠르고 명확하며, 외부의 영향에 흔들리지 않고 자신의 길을 개척해 나갈 수 있는 힘이 있다. 협동성과 자기초월 성향이 중간 정도여서, 필요 시 타인과의 협력이나 삶의 의미에 대한 균형도 일정 수준 유지할 수 있다.

주의점: 자기 기준이 분명하고 자기 효율성을 중시하다 보면, 타인과의 조율에서 갈등이 생기기 쉽다. 효율과 성과를 중시하는 태도가 공동체 안에서는 독단적으로 비칠 수 있으며, 타인의 감정이나

관점에 둔감하게 보일 수 있다. 영적·철학적 탐색이 피상적일 경우, 내면의 공허감이나 자기 확신에 대한 경직된 태도로 이어질 우려도 있다.

요약: "자기 효율성과 독립성이 강한 현실 중심의 리더형이다."
"자기 주도성은 높지만, 정서적 연결과 의미 탐색은 여전히 조율 중인 상태이다."
내 인생은 내가 책임진다. 다만, 그 책임 안에 타인과 세계가 어떻게 들어올지는 숙제다.

■ 03. L-M-M 유형: 외부 의존적 방황형
→ SD(자기주도성): L(낮음), C(협동성): M(중간), ST(자기초월): M(중간)

전반적 특징: 이 유형은 자신의 삶을 스스로 조율하고 주도하는 힘이 부족하다. 자기 확신이 약하고 외부 환경이나 타인의 기대에 쉽게 흔들리며, 주체적인 목표보다는 상황에 따른 반응적 행동이 두드러진다. 협동성과 자기초월 성향은 중간 수준으로, 기본적인 인간관계는 유지하지만 깊이 있는 배려나 의미 추구는 상대적으로 약하다. 삶의 방향성이 불분명하고 책임 의식이 약해, 흔들리기 쉬운 면모를 보인다.

강점: 타인과의 충돌을 피하고 기본적인 사회적 관계를 원만하게 유지한다. 변화에 유연하게 적응하며, 협동성과 자기초월이 중간 수준

이라 적절한 균형감을 지닐 여지가 있다. 외부 피드백에 열린 태도를 보이는 점도 긍정적이다.

주의점: 자기 삶을 능동적으로 이끌어갈 힘이 부족해 남의 의견에 쉽게 의존할 수 있다. 책임 회피, 우유부단함, 낮은 자존감이 반복될 수 있으며, 삶의 의미나 목표에 대한 깊은 고민이 부족해 방황하는 느낌이 들기 쉽다. 자극에 따라 행동이 쉽게 변해 안정적인 자기 정체감 형성이 어렵다.

요약: "어디로 가야 할지 모르겠고, 누군가가 방향을 잡아주길 바란다." 자기 주도성의 부족으로 삶의 중심을 잡기 힘들고, 외부에 의존하는 성향이 강한 유형이다. 이들에게는 자기 이해와 책임감을 키울 수 있는 심리적 지지와 구조적 지원이 절실하다.

■ **04. M-H-M 유형: 조화지향 협동형**
→ SD(자기주도성): M(중간), C(협동성): H(높음), ST(자기초월): M(중간)

전반적 특징: 이 유형은 대인관계에서 조화와 협력을 중요하게 여기면서도, 일정 수준의 자율성과 자기 통제력을 유지하는 성격이다. 주변 사람들과 신뢰와 배려를 바탕으로 관계를 맺고, 타인의 입장을 잘 공감하며 이타적인 태도를 보인다. 자기주도성은 중간 수준으로 책임감은 있으나 때로는 우유부단하거나 자기주장을 조절하는 경우도 있다. 자기초월성도 평균적이라 지나친 이상주의는 없지만 삶의

의미와 가치를 적절히 반영하려는 성향을 지닌다.

강점: 타인을 배려하고 협력하는 태도가 뚜렷해 좋은 동료나 친구, 가족 구성원으로서 신뢰받기 쉽다. 관계 중심적이면서도 자기 자신도 어느 정도 챙길 수 있는 균형감을 갖추고 있다. 사회적 상황에서 갈등을 최소화하며 조화로운 분위기를 만드는 데 능하다. 봉사활동이나 팀 프로젝트 등에서 중심적 역할을 잘 수행한다.

주의점: 협동성이 지나치게 높아지면 자기 욕구를 억누르고 희생하는 경향이 나타날 수 있다. 자기 결정권보다 타인의 요구를 우선시하는 모습이 보일 수 있으며, 내면의 깊은 의미나 삶의 방향성 탐구는 상대적으로 약할 수 있다. 책임감은 있으나 상황에 따라 흔들릴 수 있어 자기 확신을 키우는 노력이 필요하다.

요약: "나는 함께 잘 지내고 싶고, 동시에 내 삶도 책임지고자 한다." 협동성과 따뜻한 인간관계 능력이 강점인 조화롭고 배려 깊은 유형으로, 자기 확신과 내면의 방향성을 보완한다면 조직과 관계 안에서 중심 역할을 잘 해낼 수 있다.

■ 05. M-L-M 유형: 개성이 강한 독립 추구형
→ SD(자기주도성): M(중간), C(협동성): L(낮음), ST(자기초월): M(중간)

전반적 특징: 이 유형은 자기 삶에 대한 통제 욕구가 어느 정도 있으면서도, 대인관계에서는 타인과의 협력이나 기대에 크게 신경 쓰지 않는 성격이다. 다소 자기중심적이며 독립성을 강하게 추구하는 경향이 있어, 주변 요구에 무조건 따르기보다 자신만의 기준과 가치에 따라 행동하려는 모습이 뚜렷하다. 자기초월 수준이 중간이라 영성이나 삶의 철학에 관심은 있지만, 깊게 몰입하거나 극단적으로 빠지는 일은 드물다.

강점: 자기 의견이 명확하고, 타인의 눈치를 보기보다 자신 중심으로 판단하고 결정을 내리는 데 익숙하다. 대세를 따르기보다 독창적이고 주체적인 행동을 선호하며, 새로운 관점을 제시하는 데 강점이 있다. 인간관계에서는 의존보다는 일정한 거리 유지와 자율성을 중시해 감정 소모가 적은 편이다. 삶의 의미나 방향성에 완전히 무관심하지 않고 때때로 내면 성찰도 가능하다.

주의점: 협동성과 공감 능력이 낮아 갈등을 유발하거나 이기적으로 비칠 수 있다. 타인의 의견이나 팀워크가 필요한 상황에서는 불협화음이 생기기 쉽다. 자기주도성이 중간 수준이라 확고한 결단력이나 목표 지향성이 부족할 경우 우유부단하게 보일 수 있다. 때로는 삶의 의미나 인간관계의 중요성을 소홀히 하거나 무시하는 태도로 인

식될 위험도 있다.

요약: "나는 내 방식대로 살고 싶고, 필요 이상으로 남의 시선을 의식하지 않는다." 개인주의적이고 자기중심적인 성향을 지녔지만, 자신만의 세계를 꾸준히 지켜가는 내면의 중심도 함께 가진 유형이다. 관계에서 융통성과 공감 능력을 키운다면 보다 안정적인 사회 적응이 가능하다.

■ 06. M-M-H 유형: 내면 탐색형 사색가
→ SD(자기주도성): M(중간), C(협동성): M(중간), ST(자기초월): H(높음)

전반적 특징: 이 유형은 일상생활에서는 실용적이고 평범해 보이지만, 내면에서는 존재의 의미, 운명, 인간 본성 등 철학적이거나 영적 성찰에 깊이 몰두하는 경향이 강하다. 자기 주도성과 협동성은 중간 수준으로 사회적 적응은 무난하나, 내면의 심오한 세계는 종종 주변 사람들에게 쉽게 이해받기 어려울 수 있다.

강점: 영성, 철학, 예술, 인문학 분야에서 깊은 통찰력을 갖추고 의미 중심의 삶을 지향한다. 자아 탐색과 존재론적 질문에 진지하게 접근하며, 자기 이해와 타인 이해에 깊은 관심을 가진다. 풍부한 지적 호기심과 상상력으로 창의적 콘텐츠 제작이나 영적 리더십 역할에 적합하다. 자기 주도성과 협동성이 균형 있게 유지되어 현실적인 책임감과 타인 배려도 함께 갖추고 있다.

주의점: 초월적 사고나 상상에 지나치게 몰입하면 현실과 괴리된 삶을 살 위험이 있다. 깊은 내면세계를 주변과 공유하기 어려워 소외감이나 '이해받지 못함'의 감정을 경험할 수 있다. 구체적인 목표 설정이나 실천보다는 추상적 가치에 집중해 실행력이 떨어질 우려도 있다. 자신의 신념이나 직관을 과도하게 신뢰하면 비현실적인 방향으로 삶이 흐를 수 있다.

요약: "삶에는 분명 더 깊은 의미가 있다. 나는 그것을 찾고 싶다." 초월적 감수성과 사유 능력이 뛰어난 내면의 사색가로, 일상의 틀 안에서도 심오한 내면세계를 지닌 유형이다. 다만 현실과 내면 사이 균형을 잃지 않도록 실행력과 대인관계의 현실성을 유지하는 노력이 중요하다.

■ 07. M-M-L 유형: 현실 기반 실용가
→ SD(자기주도성): M(중간), C(협동성): M(중간), ST(자기초월): L(낮음)

전반적 특징: 이 유형은 현실적이고 실용적인 사고방식을 지닌 동시에, 자기 주도적이거나 지나치게 순응적인 면 없이 균형 잡힌 일상적 태도를 유지한다. 자기초월 점수가 낮아 영적이거나 철학적, 상징적인 세계보다는 구체적이고 실제적인 일상에 더욱 몰입하는 편이다. '현실에 단단히 발붙이고 사는 사람'이라는 표현이 잘 어울린다.

강점: 실용적 판단력과 효율적인 사고를 바탕으로 일상과 사회생활

에서 안정적이고 신뢰받는 모습을 보인다. 현실 문제 해결 능력이 뛰어나며, 상상이나 이상에 치우치지 않고 지금 할 수 있는 일에 집중한다. 협동성과 자기 주도성이 적절히 조화를 이루어 조직과 팀워크에서도 원활한 역할 수행이 가능하다. 사실과 논리, 자료 중심의 의사결정에 강점을 가진다.

주의점: 추상적 가치나 예술적 감성, 영적 탐구 등에 관심이 적어 내면 성찰의 기회가 부족할 수 있다. 변화나 새로운 시각에 유연하게 대응하기 어려워 고정관념에 머무르기 쉽다. 인간 삶을 보다 넓고 통합적으로 바라보는 상징적 사고력이 부족한 편이며, 타인의 정서적·철학적 요구를 이해하는 데 어려움을 겪어 정서적 거리감이 생길 수 있다.

요약: "지금 내가 할 수 있는 일, 그것이 가장 중요하다." 현실 감각과 실용적 사고를 바탕으로 균형 잡힌 삶을 살아가는 실용가 유형이다. 일상의 안정과 구체적 성과에 집중하지만, 영적 탐색이나 상징적 감수성은 다소 약한 편이다. 의식적으로 추상적 사고와 내면 탐색의 기회를 마련하는 것이 성장에 도움이 된다.

■ 08. H-H-M 유형: 신뢰받는 책임감 있는 리더

→ SD(자기주도성): H(높음), C(협동성): H(높음), ST(자기초월): M(중간)

전반적 특징: 이 유형은 자신의 삶을 능동적으로 설계하는 동시에, 타인을 배려하고 조화롭게 협력하는 높은 사회적 성숙도와 역량을 지닌 사람이다. 자기초월이 중간 수준이라 현실과 이상 사이에서 균형 잡힌 사고를 유지하며, 필요할 때 상징적이고 철학적인 사고도 가능하지만 지나치게 몰입하지는 않는다. 현실 감각과 도덕적 가치를 조화롭게 갖춘 공동체 내 신뢰받는 리더형 인물이다.

강점: 목표 지향적이며 강한 책임감을 바탕으로 스스로 일정을 체계적으로 계획하고 추진한다. 뛰어난 공감 능력과 협력성으로 팀워크를 이끌고 조직 내 조화를 만들어 낸다. 도덕성, 신뢰감, 안정성에서 높은 평가를 받으며 자연스럽게 리더 역할을 맡는다. 자기초월 성향이 중간 수준이라 이상과 현실의 균형을 잘 맞춘다.

주의점: 자기 자신과 타인에 대한 기대치가 높아 때때로 실망하거나 비판적인 태도를 보일 수 있다. 지나친 의무감과 책임감으로 과로하거나 자기희생적인 태도를 보이기 쉽다. 이상과 현실의 균형을 유지하지만, 상징적이고 초월적인 세계에 대한 깊은 통찰은 다소 부족할 수 있다. '좋은 사람'이 되려는 마음에 자기 감정을 억압하는 경향도 있다.

요약: "나와 너, 그리고 세상을 함께 더 나은 방향으로 이끌고 싶다." 책임감과 자기통제, 공동체 의식을 겸비한 성숙한 리더 유형이다. 현실과 이상 사이에서 균형 잡힌 삶을 살며 타인의 신뢰를 쉽게 얻는다. 지나친 책임감과 내면 감정 억압을 조절하고, 정기적인 내면 성찰의 시간을 갖는 것이 성장에 도움이 된다.

■ 09. L-L-M 유형: 내면의 혼란 속에서 방황하는 사람
→ SD(자기주도성): L(낮음), C(협동성): L(낮음), ST(자기초월): M(중간)

전반적 특징: 이 유형은 전반적으로 자기조절 능력과 대인관계에서의 성숙이 부족한 편이다. 자기초월이 중간 수준이라 삶의 의미나 정신적 탐색에 일시적으로 관심을 가지기도 하지만, 기초적인 자기통제력과 인간관계 기술이 미흡해 이러한 관심이 행동으로 이어지기 어렵다. 내적 혼란과 불안정함을 자주 경험하며, 현실 적응에 어려움을 겪는 경우가 많다.

강점: 자기초월이 중간 수준이라 철학적 사유나 예술적·종교적 주제에 대해 일시적으로 관심을 보인다. 낮은 자기주도성과 협동성에도 불구하고, 삶의 의미를 탐구하려는 본능적 성향이 남아 있다. 적절한 지지와 구조화된 환경이 제공되면 점진적인 성장과 변화가 가능하다.

주의점: 자기조절 능력이 부족해 목표 설정과 추진이 어려우며, 자기통제에도 취약하다. 낮은 협동성으로 인해 타인과 갈등이 잦거나 고립되기 쉽다. 스트레스 상황에서 회피, 분노, 방어적 태도가 나타날 수 있다. 자기초월이 중간이라 현실과 이상 사이에서 방황하거나 비현실적 환상에 집착할 위험도 존재한다. 사회적 적응력이 낮아 의존적이거나 외부 요인에 책임을 돌리는 경향이 있다.

요약: "삶의 의미를 어렴풋이 느끼지만, 그것을 향해 나아갈 내적 힘이 부족하다." 기초적인 자기통제력과 대인관계 능력이 약한 상태에서 정신적·초월적 주제에 대한 관심만 어렴풋이 존재하는 유형이다. 구조화된 지지 환경과 상담, 꾸준한 자기 인식 훈련을 통해 점진적 성장이 가능하며, 특히 정서적 안정과 대인 신뢰 회복이 선행되어야 한다.

■ 10. H-L-M 유형: 자기주장 강하고 독립적이나, 인간관계에서 마찰이 잦은 사람
→ SD(자기주도성): H(높음), C(협동성): L(낮음), ST(자기초월): M(중간)

전반적 특징: 이 유형은 자기 주도성이 매우 높아 스스로 목표를 세우고 추진하는 강한 독립성과 추진력을 가진다. 그러나 협동성이 낮아 타인의 의견이나 감정에 둔감한 편이며, 이로 인해 자기중심적이거나 융통성 부족으로 비칠 수 있다. 자기초월은 중간 수준으로 삶의 의미나 초월적 가치를 때때로 생각하지만, 일상 행동이나 의사결

정에는 깊게 작용하지 않는 편이다.

강점: 탁월한 자기관리 능력과 강한 책임감을 바탕으로, 독립적으로 목표를 성취하려는 의지가 강하다. 실패해도 쉽게 좌절하지 않고 스스로 문제를 해결하는 경향이 있다. 중간 수준의 자기초월 덕분에 때때로 삶에 대한 깊은 성찰이나 정신적 관심을 보일 수 있다. 리더십과 지도력을 발휘할 수 있는 잠재력이 크다.

주의점: 낮은 협동성 때문에 공감 능력이 부족하고, 독단적인 태도와 타인과의 마찰 가능성이 크다. 자기주장을 지나치게 내세우며 타인을 배려하지 않는 모습으로 비칠 수 있다. 자기초월이 중간 수준임에도 현실적·개인적 목표에 치우치는 경향이 강하다. 정서적 유연성과 대인관계 기술이 부족할 경우 고립되거나 비판받는 리더십으로 이어질 위험이 있다.

요약: "나는 나의 길을 가겠다. 하지만 그 길에 누가 있는지는 잘 살피지 못한다." 뚜렷한 목표 의식과 자기 통제력을 가진 독립적인 유형이지만, 타인과의 관계에서 갈등과 마찰을 겪기 쉬운 편이다. 이들에게는 정서적 민감성과 공감 능력을 키우는 훈련, 타인의 관점을 이해하는 연습, 그리고 협업 경험을 넓히는 것이 매우 중요하다.

■ 11. L–H–M 유형: 자신감은 부족하지만, 남을 잘 도우며 관계에 헌신하는 사람
→ SD(자기주도성): L(낮음), C(협동성): H(높음), ST(자기초월): M(중간)

전반적 특징: 이 유형은 다정하고 배려 깊은 성향을 지녔으나, 자기 확신과 독립성은 다소 부족한 편이다. 혼자서 결정을 내리거나 책임지는 것을 부담스러워 하며, 타인의 기대에 잘 맞추고 주변과 조화를 이루려는 경향이 강하다. 자기초월 점수가 중간 수준이라 삶의 의미나 도덕적 가치를 때때로 고민하지만, 실제 행동이나 선택에 깊게 작용하지는 않는다.

강점: 높은 공감 능력과 배려심, 이타적인 태도로 인해 관계 지향적이며 주변 사람들에게 따뜻한 인상을 준다. 팀워크와 협업에서 뛰어난 역할을 하며, 갈등 조정이나 도움을 주는 역할에 특히 적합하다. 자기초월이 중간 수준이라 삶의 의미나 공동체 가치에 관한 관심도 때때로 나타난다.

주의점: 낮은 자기주도성으로 인해 우유부단하거나 의존적인 모습을 보이기 쉽다. 타인의 요구에 과도하게 맞추다가 자신을 희생하거나 번아웃될 위험이 있다. '착한 사람'이라는 정체성에 갇혀 자기 욕구를 억누르고 자존감이 낮아질 수 있다. 자기초월이 높지 않아 봉사나 타인 중심의 삶이 의미와 연결되지 않고 습관적으로 끝날 가능성도 있다.

요약: "나는 당신을 위해 무엇이든 할 수 있지만, 정작 나 자신을 위해 무엇을 해야 할지 모르겠어요." 친절하고 공동체적 성향을 지닌 유형이지만, 자기 삶을 주도할 내적 힘은 약한 편이다. 이들에게는 자기 인식과 자율성 강화, 자기 결정 경험을 쌓으며 '나는 무엇을 원하는가?'에 대한 지속적인 탐색이 필요하다.

■ 12. H-M-H 유형: 자기 통제된 이상주의자, 정신적 지도자형
→ SD(자기주도성): H(높음), C(협동성): M(중간), ST(자기초월): H(높음)

전반적 특징: 이 유형은 뛰어난 자기 통제력과 강한 이상 추구 성향을 지닌 사람이다. 내면에 뚜렷한 철학과 신념을 갖고 있으며, 스스로 인생의 목표를 설정하고 이를 주도적으로 실현하려는 의지가 강하다. 협동성은 중간 수준이어서 타인과 협력은 필요에 따라 하지만, 인간관계보다 자신의 사명감과 내면의 기준에 따라 움직이는 경향이 강하다. 사회적 규범보다는 자신이 정의한 의미와 가치를 중심에 두고, 독창적이며 카리스마 있는 정신적 리더로 성장할 가능성이 높다.

강점: 신념이 확고하고 자율적이며 목표 지향적이다. 자신의 삶에 대한 책임감을 지니고 있으며, 철학적·영적인 가치를 기반으로 인생을 설계한다. 이상주의자이지만 실행력도 갖추고 있어 추상적인 비전을 실제 행동으로 옮길 수 있다. 고유한 세계관과 통찰력을 바탕으로 타인에게 정신적 영향을 미칠 수 있으며, 독립성과 창의성,

직관적 사고가 조화를 이룬다.

주의점: 자신의 가치 기준에 따라 움직이다 보니 타인과의 조율에 어려움을 겪거나, 독선적으로 비칠 수 있다. 현실과 괴리된 이상에 과도하게 집착하거나, 자신의 신념이 절대적으로 옳다고 확신할 위험도 있다. 공감 능력이 평균 수준이므로 타인의 감정이나 입장을 놓치기 쉬우며, 극단적인 경우에는 '고립된 사상가'나 '구도자'로 치우칠 수 있다.

요약: "나는 내 신념을 따르며 세상을 더 나은 방향으로 이끌고 싶어요." 이 유형은 강한 자율성과 깊은 신념이 결합된 이상주의적 리더형이다. 의미와 목적을 추구하며 자신을 엄격히 관리하는 동시에, 내면의 철학을 실천으로 연결하는 힘을 지녔다. 다만 관계적 유연성이 부족할 수 있으므로, 타인의 감정과 관점을 수용하려는 지속적인 노력이 필요하다.

■ **13. L-M-L 유형: 의욕 저하형 현실 순응자, 수동적 생존형**
→ SD(자기주도성): L(낮음), C(협동성): M(중간), ST(자기초월): L(낮음)

전반적 특징: 이 유형은 삶에 대한 주도성과 내면의 의미 추구가 모두 낮은 반면, 사회적 조화는 최소한으로 유지하려는 경향을 보인다. 뚜렷한 목표 의식이나 변화에 대한 열망이 부족하고, 일상의 틀 안에서 소극적으로 반응하며 지낸다. 새로운 도전보다는 현재의 상

태를 무난하게 유지하려는 태도가 강하며, 주어진 환경 속에서 조용히 '버티며 살아가기'를 지향하는 경우가 많다.

강점: 타인과 불필요한 갈등을 일으키지 않고 조용히 순응하는 성향을 지녔다. 복잡한 관계를 피하며 자신의 안전과 평온을 우선시한다. 눈에 띄지는 않지만 일관된 태도를 유지하려 하고, 감정적으로 큰 파동 없이 생활을 유지하려는 점에서 안정감이 있다. 위기 상황에서도 차분하게 대처할 수 있는 면이 있다.

주의점: 뚜렷한 비전이나 삶의 목표가 없어 방향성을 잃기 쉽다. 자기효능감이 낮고, 도전적 과제나 주도적 선택을 회피하는 경향이 있다. 세상이나 사람에 대해 냉소적인 시각을 가질 수 있으며, 변화보다는 현상 유지에 머무르려 한다. 내면에 공허함이나 무의미함을 느끼기 쉽고, 장기적으로는 우울감과 연결될 위험도 존재한다.

요약: "그냥 남들처럼 조용히, 큰 문제 없이 살면 되지 않나요?" 이 유형은 의욕도 크지 않고, 이상이나 관계에 대한 강한 욕구도 적은 현실 순응형이다. 자극을 최소화하며 안전하고 무난하게 살아가는 것을 지향하지만, 이러한 안정 추구가 자기 상실과 무기력으로 이어질 수 있다. 작지만 의미 있는 경험을 통해 삶의 방향을 발견하고, 점진적으로 자기 주도성과 자존감을 회복하는 과정이 필요하다.

■ 14. H-M-L 유형: 현실주의적 자기관리자, 독립형 실용주의자
– SD(자기주도성): H(높음), C(협동성): M(중간), ST(자기초월): L(낮음)

전반적 특징: 이 유형은 높은 자기 주도성을 바탕으로, 목표에 대한 강한 의지와 실행력을 지닌 사람이다. 자기초월성이 낮아 철저히 현실 중심적이며, 실용적이고 구체적인 기준에 따라 삶을 계획한다. 협동성은 평균 수준으로, 타인과의 관계에서 심각한 갈등은 잘 일으키지 않지만, 깊은 정서적 공감이나 헌신적인 관계는 다소 어려울 수 있다. 자신의 가치관이 분명하고, 판단 기준이 확고하며, 스스로 인생의 책임을 지는 독립적인 태도를 견지한다.

강점: 스스로 삶을 이끌어가는 힘이 크며, 어려운 상황에서도 중심을 잃지 않는다. 현실 가능한 목표를 설정하고, 그것을 달성하기 위한 실행 계획을 체계적으로 세우는 데 능하다. 감정보다 이성에 기반한 판단을 선호하며, 타인과 불필요한 충돌을 피하면서도 자신만의 기준을 지켜낸다. 효율성과 자기 관리 능력이 뛰어난 편이다.

주의점: 자기중심적으로 보일 수 있으며, 융통성이 부족하다는 인상을 줄 수 있다. 타인의 감정이나 세계관에 대한 공감 능력이 떨어질 수 있고, 자신의 틀을 벗어나려는 시도는 드문 편이다. 삶의 궁극적 의미나 내면적 성찰을 소홀히 할 가능성이 있으며, 지나친 자기 통제는 정서적 피로감이나 관계의 단절로 이어질 수 있다. 정서적 여유나 삶의 유희 요소가 부족하면 전반적인 삶이 메마르게

느껴질 수 있다.

요약: "내 인생은 내가 책임진다. 감상이나 이상은 현실에 도움이 되지 않는다." 이 유형은 현실적이고 독립적인 실용주의자로, 자기통제력과 추진력을 기반으로 실질적인 성과를 추구하며 살아간다. 그러나 내면의 깊이 있는 성찰이나 타인과의 정서적 연결이 부족할 경우, 공허감이나 외로움이 찾아올 수 있다. 자기효능감을 유지하되, 감정과 삶의 의미를 성찰하려는 시도 역시 병행하는 것이 중요하다.

■ 15. L-M-H 유형: 이상주의적 회의자, 정체성 탐색형
→ SD(자기주도성): L(낮음), C(협동성): M(중간), ST(자기초월): H(높음)

전반적 특징: 이 유형은 삶의 의미와 존재에 대한 깊은 고민과 상상력은 풍부하지만, 자기 삶을 실제로 이끌어갈 주도성이 부족하다. 이상과 현실 사이에서 방황하는 경우가 많으며, 비전은 크지만 이를 구체적인 목표나 행동으로 옮기는 데 어려움을 겪는다. 타인과의 관계에서는 크게 부딪히지 않지만, 적극적으로 관계를 이끌거나 깊은 정서적 유대를 맺으려는 태도는 다소 약한 편이다.

강점: 깊은 통찰력과 철학적 사고를 바탕으로 초월적 가치나 공동체적 이상에 민감하게 반응한다. 예술적 감수성, 종교적·영적 관심이 풍부하며, 독창적인 시각과 개성을 지녀 창의적 작업이나 자기표현

에 강점이 있다. 존재의 본질에 대한 고민과 자기 성찰을 멈추지 않는 사유형 인간이다.

주의점: 현실 적응력과 자기관리 능력이 부족해, 이상은 품지만 실현 과정에서 좌절하거나 회피하는 경우가 많다. 실천력 부족과 책임감 결여, 우유부단함이 동반되며, 감정 기복도 클 수 있다. 내면의 갈등이 해결되지 않으면 무력감이나 허무감으로 이어지기 쉽다. 방향성을 상실하면 현실에서의 기능이 떨어질 수 있다.

요약: "나는 더 큰 의미를 원하지만, 그 의미에 도달하는 방법을 모르겠다." 이 유형은 영적 · 철학적 추구에 깊은 관심을 가지며 삶에 대한 본질적인 질문을 던지는 이상주의자다. 그러나 현실을 살아가는 데 필요한 자기 통제력과 주체성을 길러야 한다. 구체적인 목표 설정과 작은 실천을 통해, 자신이 품은 내면의 비전을 현실과 연결하는 연습이 중요하다. 심리치료, 명상, 예술, 철학적 대화는 이들이 자기 통합을 이루는 데 큰 도움이 될 수 있다.

■ 16. M-H-H 유형: 공감적 이상주의자, 헌신적 성찰가
→ SD(자기주도성): M(중간), C(협동성): H(높음), ST(자기초월): H(높음)

전반적 특징: 이 유형은 공감과 배려, 공동체 의식, 초월적 가치에 대한 추구가 강한 인물이다. 협동성과 자기초월성이 모두 높아 타인과 깊은 연결감, 의미 있는 삶에 대한 동기가 매우 크며, 중간 수

준의 자기 주도성도 갖추고 있어 어느 정도 실천력과 목표 지향성을 함께 지닌다. 타인을 돕고자 하는 욕구가 강하고, 세상에 선한 영향을 남기고자 하는 열망이 뚜렷하며, 종교·철학·예술·사회운동 등 초월적 가치가 중요한 분야에 헌신하는 경우가 많다.

강점: 타인의 고통에 민감하게 반응하며 치유(자)적 성향이 강하다. 도덕적 이상과 가치에 헌신하고, 공동체 중심의 활동에 적극적이다. 공감 능력과 포용력, 영적 통찰력이 뛰어나며, 내면의 깊이를 바탕으로 타인에게 진정성 있는 메시지와 위로를 전할 수 있다. '함께하는 가치'를 실현하는 데 적합한 유형이다.

주의점: 자기 주도성이 아주 높지는 않기 때문에, 자신을 돌보지 않은 채 과도하게 헌신하다 보면 소진되기 쉽다. 현실적인 기반보다 이상과 의미에 집중하다 보면 공허감이나 방향 상실을 경험할 수 있다. 타인의 감정이나 요구에 민감해 경계를 넘나들기 쉽고, 자기 욕구를 억누르다 보면 정작 자신의 삶은 뒷전이 되기 쉽다. 책임감은 있지만 자기 삶의 우선순위를 잃을 경우 무기력감에 빠질 위험이 있다.

요약: "타인을 돕는 것이 나의 사명이야. 하지만 나 자신은 괜찮은 걸까?" 이 유형은 이타성과 초월적 가치에 기반한 실천형 이상주의자다. 내면의 윤리와 의미를 삶 속에서 구현하고자 하지만, 자기 보호와 감정 관리가 부족하면 쉽게 번아웃 상태에 빠질 수 있다. 타인과의 건강한 경계 설정, 자기 삶의 중심 회복, 이상과 현실 사이의

균형을 연습하는 것이 중요하다.

■ 17. M-L-L 유형: 독립적인 개인주의자, 무관심한 회의주의자
→ SD(자기주도성): M(중간), C(협동성): L(낮음), ST(자기초월): L(낮음)

전반적 특징: 이 유형은 타인과의 감정적 교류나 공동체적 가치보다는 개인의 관점과 자유를 더 중시한다. 자기 주도성이 중간 수준이어서 일정한 책임감과 목표 지향성은 있으나, 관계보다는 실용성과 이성적 판단을 우선시하는 경향이 강하다. 타인의 기대에 쉽게 영향을 받지 않으며, 감정 표현에는 소극적이다. 지나친 이상주의나 집단적 열정에 대해선 비판적이거나 냉소적인 태도일 수 있다.

강점: 강한 자율성과 독립성, 자기 판단력을 지닌 유형이다. 감정에 휘둘리지 않고 비판적 사고를 유지하며, 혼자서 과제를 꾸준히 수행할 수 있는 능력이 뛰어나다. 군중 심리에 쉽게 흔들리지 않으며, 차분하고 객관적인 태도로 세상을 바라본다.

주의점: 협동성과 자기초월 성향이 낮아 사회적 관계에서 고립되거나 소외감을 느낄 수 있다. 감정 표현이 부족하고 공감 능력이 낮아 대인 갈등이 발생하기 쉬우며, 삶의 의미나 방향성을 상실하고 무기력에 빠질 위험도 있다. 지나친 냉소주의나 무관심, 회피적 태도는 삶의 질을 떨어뜨리고, 내면의 공허감을 키울 수 있다.

요약: "굳이 함께할 필요 있을까? 난 내 방식대로 살고 싶어."
이 유형은 독립적이고 감정에 휘둘리지 않는 개인주의적 성향을 지녔지만, 타인과의 정서적 연결이나 삶의 깊이에 관한 관심은 부족할 수 있다. 자기만의 생활방식과 판단으로 살아가되, 고립이나 인간관계의 단절로 이어지지 않도록 경계해야 한다. 의미 있는 관계를 맺고, 내면의 가치를 탐색하며, 정서 표현을 연습하는 것이 이 유형에게는 중요한 성장의 열쇠가 된다.

■ 18. M-H-L 유형: 현실적인 협력가, 실용적 관계주의자
→ SD(자기주도성): M(중간), C(협동성): H(높음), ST(자기초월): L(낮음)

전반적 특징: 이 유형은 타인과의 조화를 중요하게 여기는 강한 사회적 성향을 지니며, 정서적으로 안정되고 친화적인 관계를 중시한다. 자기초월 성향이 낮아 이상주의적 가치나 영적·철학적 관심은 적고, 실용적이고 현실적인 방식으로 관계를 맺는 편이다. 자기 주도성이 중간 수준이므로 어느 정도는 스스로 이끌 수 있지만, 주변 분위기나 타인의 기대에 민감하게 반응할 때도 많다.

강점: 다정하고 친절하며, 타인을 배려하거나 갈등을 줄이는 데 능숙하다. 공동체 안에서 조정자 역할을 잘 수행하고, 현실 감각이 뛰어나 실질적인 도움을 주는 데 강점이 있다. 충실하고 따뜻한 대인관계를 유지하며, 신뢰받는 동료나 친구로서의 자질이 풍부하다.

주의점: 자기초월 성향이 낮아 삶의 깊이나 철학적 의미에 대한 탐색에는 다소 소극적일 수 있다. 현실에만 집중하다 보면 반복되는 일상에 지치거나 내면의 공허감을 느끼기 쉽다. 또한, 타인의 기대에 맞추려는 성향이 강해지면 자신의 욕구나 감정을 억누르게 될 수 있다. 자기 주도성이 약해질 경우 의존적이거나 우유부단해질 위험도 있다.

요약: "나는 사람들과 잘 지내고 싶지만, 뜬구름 잡는 이야긴 딱 질색이야." 이 유형은 따뜻하고 현실적인 협력자로서, 관계 중심의 조화와 실용성을 중시한다. 하지만 내면의 방향성과 삶의 깊이에 대한 고민이 부족하면, 타인에게 맞추는 데만 몰두하거나 점차 공허감에 빠질 수 있다. 자신만의 가치체계를 점검하고, 혼자만의 시간을 통해 내적으로 성찰하는 연습이 필요하다. 그래야 진정으로 자신을 위한 삶의 균형을 되찾을 수 있다.

■ **19. M-L-H 유형: 자유로운 이상주의자, 변방의 영적 탐색자**
→ SD(자기주도성): M(중간), C(협동성): L(낮음), ST(자기초월): H(높음)

전반적 특징: 이 유형은 이상과 철학, 영적 세계에 깊은 관심을 가지며, 고정된 사회 질서나 관계의 제약에서 벗어나고자 한다. 자율성은 일정 수준 있으나, 협동성이 낮아 타인의 기대에 맞추기보다는 자신의 내면적 진실과 신념을 따라 움직이려는 성향이 강하다. 개성 있는 예술가형 또는 비주류적 사상가형으로서, 체계적이고 엄격한 환경보다는 자유롭고 창의적인 분위기 속에서 진가를 발휘한다.

강점: 깊이 있는 철학적·영적 성찰 능력을 지니며, 기존 틀에 얽매이지 않는 창의적 사고와 통찰력이 뛰어나다. 현실을 넘어선 상징적, 직관적 이해 능력이 탁월하고, 독립적인 태도로 내면의 가치를 추구하며 살아간다.

주의점: 협동성이 낮아 타인과의 협력이나 사회적 관계에서 어려움을 겪을 수 있으며, 이상에 과도하게 몰입할 때, 현실과의 괴리나 고립 상태에 빠질 수 있다. 자기 주도성이 중간 수준이라 열정은 있으나 실행력이 부족해 내적 갈등을 겪기도 한다. 때때로 냉소적이거나 비판적인 태도를 보이거나 사회 규범을 무시하려는 경향도 나타날 수 있다.

요약: "나는 내가 믿는 진리를 따를 뿐, 모두에게 이해받을 필요는 없어." 이 유형은 비주류적이지만 내면이 풍부한 영적 탐색자로, 사회적 틀보다는 자기만의 의미와 자유를 중시한다. 그러나 타인과의 연결을 지나치게 회피하거나 현실로부터 도피하는 모습으로 비칠 위험이 있다. 자기 주도성을 강화하고, 감정 조절력과 대인관계 기술을 조금씩 연습해 나가면, 더욱 균형 잡힌 방식으로 자신의 이상을 실현할 수 있을 것이다.

■ 20. L-L-L 유형: 방향을 잃은 방랑자, 자기와 타인을 모두 놓친 사람
→ SD(자기주도성): L(낮음), C(협동성): L(낮음), ST(자기초월): L(낮음)

전반적 특징: 이 유형은 자기 조절력과 책임감이 부족하며, 타인과 협력하려는 의지도 낮고, 삶의 의미나 철학적 가치에 대한 탐색 역시 거의 없다. 감정과 행동은 충동적이고 감정 기복이 심하며, 외부의 요구에 쉽게 반항하거나 회피하는 경향이 강하다. 삶의 방향성이 흐릿하고, 자신에 대한 확신도 부족해 낮은 자기효능감, 불안정한 대인관계, 회피적이거나 반사회적인 행동으로 나타나기도 한다. 이 유형은 심리적 개입이나 코칭이 가장 절실한 상태에 해당한다.

강점: 현재는 혼란과 방황 속에 있지만, 이러한 상태는 오히려 변화의 출발점이 될 수 있다. 구조화된 환경, 신뢰할 수 있는 관계, 의미 있는 활동이 제공된다면, 이들은 잠재된 회복력과 변화 가능성을 발휘할 수 있다.

주의점: 자율성과 자기 책임감이 낮아 무기력하거나 수동적인 삶에 머무를 위험이 크다. 공감 능력이 부족하고 사회적 책임감이 없어 대인 갈등이나 반사회적 행동으로 이어질 수 있으며, 삶의 의미를 상실한 허무주의적 태도가 두드러질 수 있다. 우울, 충동 조절 문제, 자기 파괴적 행동 등 다양한 심리적 위험 요인이 동반될 가능성이 높다.

요약: "왜 살아야 하지? 아무도 나를 이해하지 않고, 나도 누굴 이해하고 싶지 않아." 이 유형은 삶의 주체성, 관계성, 의미성의 세 축이 모두 흔들리는 상태로, 공허함과 단절감을 안고 살아간다. 그러나 이 공허함은 역설적으로 새로운 변화가 시작될 수 있는 '빈 그릇'이기도 하다. 안전한 인간관계, 예측할 수 있는 일상 루틴, 자기 이해를 돕는 경험이 제공된다면, 회복과 성장을 위한 중요한 전환점이 될 수 있다. 처음부터 큰 걸음을 요구하기보다는, 작고 구체적인 변화를 통해 '살아볼 만한 삶'을 회복하는 과정이 필요하다.

■ 21. L-L-H 유형: 현실과 동떨어진 신비주의자, 의미에 몰입하되 실행과 관계는 부족한 사람
→ SD(자기주도성): L(낮음), C(협동성): L(낮음), ST(자기초월): H(높음)

전반적 특징: 이 유형은 자율성과 대인관계 기술은 부족하지만, 영적 신념이나 초월적 가치에 강하게 이끌리는 사람이다. 현실적인 책임을 감당하는 데는 취약하나, 신비주의적 사고나 종교적 체험, 초월적 감수성에는 매우 민감하게 반응한다. 예술적 감수성이나 철학적 깊이는 돋보일 수 있지만, 현실과 연결되지 않으면 비현실적 사고, 피해의식, 망상적 사고로 전개되기 쉽다. 세상과 단절된 채 혼자만의 세계에 몰입하거나, 현실을 회피하며 고립되는 경향이 있다.

강점: 깊이 있는 통찰력과 영적 감수성을 지니며, 비일상적이고 상징적인 세계에 대한 민감도가 높다. 철학적·예술적 상상력이 뛰어

나며, 창의적 사고나 독창적 해석이 가능한 유형이다. 삶의 본질을 성찰하고자 하는 욕구가 강하고, 의미 중심적 사고가 자연스럽게 발달해 있다.

주의점: 현실적인 자기조절 능력이 부족하여 감정 조절, 시간 관리, 목표 달성 등 실행 기능이 약하다. 사회적 유대감도 취약해 공감 능력이 떨어지며, 타인과의 신뢰 관계를 형성하는 데 어려움을 겪을 수 있다. 비현실적 해석에 집착할 경우 피해망상이나 자기중심적 세계관에 빠질 위험이 있으며, 종교적·영적 체계를 왜곡되게 받아들여 극단적인 사이비 성향으로 이어질 가능성도 있다.

요약: "나는 이 세계의 구조를 이해하고 있어. 하지만, 나 말고는 아무도 이걸 이해하지 못하지." 이 유형은 삶의 본질과 의미에 강한 관심을 가지지만, 그 관심이 현실과의 연결이나 실행력 없이 부유하며 머무는 경향이 있다. 그로 인해 심리적 괴리감이나 고립감, 망상적 사고로 이어질 수 있다. 현실적인 작은 성취 경험을 쌓고, 신뢰할 수 있는 관계 안에서 자기 이해를 도모하며, 감정 조절 훈련을 통해 자기 삶을 지탱하는 기반을 마련하는 것이 중요하다.

■ 22. L-H-L 유형: 착하지만 우유부단한 사람, 책임감 없이 타인을 따르기 쉬운 조력자

→ SD(자기주도성): L(낮음), C(협동성): H(높음), ST(자기초월): L(낮음)

전반적 특징: 이 유형은 자기 통제력과 독립성은 낮지만, 타인에 대한 배려와 협동성은 높은 편이다. 기본적으로 착하고 순응적인 성격으로, 대인관계에서 큰 갈등 없이 원만하게 지내는 편이다. 그러나 자기 주도성이 낮아 결단력과 주관이 부족하며, 자신의 삶을 주체적으로 이끌기보다는 타인의 기대나 지시에 따라 움직이기 쉽다. 자기 초월 성향이 낮아 깊은 철학적 사유보다는 현실의 안정과 타인의 인정을 더 중요하게 여긴다.

강점: 타인과 협력하는 능력이 뛰어나며, 공감과 친절, 배려심이 풍부하다. 집단 내 갈등을 완화하고 조율하는 역할을 잘 수행한다. 감정적으로 온화하고 겸손한 태도를 보인다.

주의점: 우유부단하고 의존적인 성향으로 타인의 의견에 지나치게 휘둘리기 쉽다. 책임 회피 경향이 있어 자신의 삶에 대한 결정권을 타인에게 맡기는 경우가 많다. 자기 표현이 부족해 자신의 신념이나 의견을 뚜렷하게 갖기 어렵다. 또한 현실에 안주하는 경향이 있어 삶의 깊은 의미 탐색이나 자아 발견에는 관심이 낮을 수 있다.

요약: "나는 모두와 잘 지내고 싶어. 그래서 그냥 시키는 대로 할래."

이 유형은 착하고 주변 사람들과 좋은 관계를 유지하지만, 자기 삶을 능동적으로 이끌어갈 힘이 부족한 의존형 성격이다. 좋은 사람으로 보이고자 하는 욕구가 강하지만, 자기 정체성이 약해 타인의 뜻에 쉽게 휘둘리고 중요한 결정이나 책임을 회피하기 쉬운 면이 있다. 이들에게는 자기 주도성을 키울 수 있는 작은 성공 경험과 자신의 욕구를 명확히 인식하고 표현하는 훈련이 꼭 필요하다.

■ 23. H-L-L 유형: 냉철하고 자기중심적인 현실주의자
- SD(자기주도성): H(높음), C(협동성): L(낮음), ST(자기초월): L(낮음)

전반적 특징: 이 유형은 자기 통제력과 현실 감각이 뛰어나며, 스스로 삶을 주도하는 능력이 강한 사람이다. 자신의 목표를 향해 독립적으로 나아가며, 감정이나 관계보다는 성과와 효율을 중시하는 경향이 뚜렷하다. 협동성과 자기초월 성향이 모두 낮기 때문에 타인의 감정에 대한 민감도가 낮고, 공동작업보다는 혼자 일하는 것을 선호한다. 세상이나 타인보다는 자신의 능력에 대한 신뢰가 크며, 현실적이고 이성적인 태도를 유지하려 한다.

강점: 높은 자기효능감을 바탕으로 삶의 주도권을 스스로 쥐고 행동한다. 논리적이고 실용적인 사고를 통해 문제 해결 능력이 뛰어나며, 감정보다 이성을 우선시해 외부 환경에 쉽게 휘둘리지 않는다. 독립적이며 자기 목표에 집중하는 데 능하다.

주의점: 타인과의 관계에서 거리감이 생기기 쉬우며, 협력이나 양보가 필요한 상황에서 갈등이 유발될 가능성이 높다. 자기초월 성향이 낮아 삶의 깊은 의미나 본질적 가치를 탐색하는 데에는 소홀할 수 있다. 타인의 관점보다는 자신의 기준을 중시해 비판적이고 권위적인 인상을 줄 수 있다. 결국 내면의 공허감이나 관계의 단절로 이어질 위험도 존재한다.

요약: "내 인생은 내가 책임진다. 하지만 남에게 기대거나 휘둘릴 생각은 없어." 이 유형은 독립적이고 목표 지향적이며, 감정보다는 이성을 중시하는 자기 주도적 현실주의자다. 탁월한 자기 통제력과 실용성은 강점이지만, 타인과 유연한 관계를 맺거나 삶의 깊은 의미를 발견하는 데는 한계가 있다. 이들에게는 공감 훈련, 타인의 감정 수용 연습, 그리고 삶의 가치나 의미에 대한 내면 탐색이 보다 균형 잡힌 삶으로 나아가기 위한 열쇠가 된다.

■ 24. H-H-H 유형: 성숙하고 포용력 있는 자기초월형 인간
→ SD(자기주도성): H(높음), C(협동성): H(높음), ST(자기초월): H(높음)

전반적 특징: 이 유형은 클로닝거가 제시한 '성숙한 인간상'에 가장 근접한 성격 유형이다. 자기 주도성과 타인과의 협력 능력, 그리고 초월적 가치와 영성에 대한 감수성을 고루 갖추고 있어, 책임감 있고 따뜻하며 의미 중심적인 삶을 살아간다. 자신의 삶에 대해 뚜렷한 방향성과 통제력을 지니고 있으며, 타인에게도 관용과 이해, 연

민의 태도로 다가선다. 단순한 생존이나 성공을 넘어, 더 큰 목적과 가치를 추구하며 인생을 바라보는 시야가 깊다.

강점: 자기 삶을 주체적으로 이끌며, 높은 목표를 설정하고 실천해 나간다. 공감력과 포용력이 뛰어나 타인과의 협력, 공동체 생활에 잘 적응한다. 삶의 의미와 통합에 깊은 관심을 가지며, 심리적 안정감과 만족도가 높다. 타인을 돕고 베푸는 데서 기쁨을 느끼는 이타적 성향 또한 뚜렷하다.

주의점: 과도한 자기희생은 자신의 욕구를 억압하거나 정서적 탈진으로 이어질 수 있다. 이상주의적 태도가 현실의 복잡한 문제를 단순화하거나 판단을 흐릴 수 있으며, 때로는 비현실적인 기대나 지나치게 높은 도덕적 기준을 스스로에게 강요할 우려도 있다.

요약: "나는 나 자신을 이끌며, 타인과 더불어 살고, 더 큰 의미를 향해 나아간다." 이 유형은 자기 주도성, 협동성, 자기초월성이 모두 높은 이상적이고 성숙한 인간상이다. 책임감 있는 리더이자 공감력 높은 동료, 그리고 내면의 깊이를 추구하는 존재로서, 인간으로서의 성장과 사회적 기여를 함께 실현할 수 있는 큰 잠재력을 지닌 사람이다.

■ 25. H-H-L 유형: 현실적이고 책임감 있는 실용주의자
→ SD(자기주도성): H(높음), C(협동성): H(높음), ST(자기초월): L(낮음)

전반적 특징: 이 유형은 높은 책임감과 협동성을 바탕으로 자신이 속한 사회에서 주어진 역할을 충실히 수행하는 경향이 있다. 현실적이고 실용적인 가치를 중시하며, 구체적인 목표와 성과 중심의 태도를 지닌다. 타인과의 협력 능력이 뛰어나며, 사회적 규범을 잘 따르는 성향 덕분에 조직이나 공동체 안에서 신뢰받는 실무자나 관리자, 책임 있는 시민으로 기능하는 경우가 많다. 다만 초월적 가치나 영성에 관한 관심은 상대적으로 낮아, 깊은 내적 질문이나 철학적 성찰은 회피하는 경향이 있을 수 있다.

강점: 뛰어난 실행력과 책임감으로 자기 삶을 주체적으로 이끌며, 협조적이고 신뢰감 있는 대인관계를 잘 형성한다. 또한 현실 감각이 탁월하고 조직적인 사고를 통해 안정적인 삶을 지향한다. 사회적 규범과 도덕을 성실히 따르며 공동체에 긍정적으로 이바지한다.

주의점: 지나치게 현실에 집중하다 보면 내면의 성찰이나 삶의 깊은 의미를 놓칠 수 있으며, 새로운 변화나 추상적 아이디어에 대해 경직되게 반응할 위험이 있다. 더불어 타인의 철학적·영적 가치에 무관심하거나 이를 이해하지 못하는 태도를 보일 수 있다. 이상주의나 창조적 직관이 요구되는 상황에서는 유연성이 떨어질 수 있다.

요약: "현실을 책임 있게 살아가되, 초월적 가치는 다소 거리감이 있다." 이 유형은 현실적이고 실용적인 태도로 공동체에 안정감을 주는 성숙한 실천가다. 성실하고 협동적인 자세는 큰 장점이지만, 때로는 삶의 의미나 내면의 깊이에 눈을 돌려보는 여유가 필요하다. 그런 성찰이 더해질 때, 이들의 삶은 더 균형 있고 풍성해질 수 있다.

■ 26. H-L-H 유형: 독립적이며 영적 탐색을 즐기는 고독한 이상가
→ SD(자기주도성): H(높음), C(협동성): L(낮음), ST(자기초월): H(높음)

전반적 특징: 이 유형은 높은 자기 주도성과 자기 초월성을 바탕으로, 삶의 의미와 철학을 스스로 탐색해 가는 독립적인 성향을 지녔다. 외부의 규범이나 사회적 기대보다는 자기만의 가치 기준과 정신적 자율성을 중시하며, 내면의 세계에 깊이 몰입하는 경향이 강하다. 자기표현 욕구가 강하고 창의적인 활동을 선호하지만, 협동성과 타인에 대한 배려는 상대적으로 낮은 편이다. 따라서 이들은 종종 "혼자서 깊이 탐구하거나 창조하는 예술가형, 철학자형"으로 나타나며, 때때로 특이하거나 비주류적인 인물로 비추어질 수 있다.

강점: 독립적인 사고와 강한 내적 동기로 자기 삶을 스스로 설계한다. 영적·철학적 주제에 깊은 관심을 가지며 창조적이고 통찰력 있는 사고를 할 수 있다. 그리고 사회적 기준에 얽매이지 않고 새로운 관점과 세계관을 만들어낸다. 복잡한 질문과 내면의 여정을 두려워

하지 않고, 자기 존재에 대해 깊이 있게 탐구한다.

주의점: 낮은 협동성과 공감 능력으로 인해 타인과 갈등을 겪기 쉽다. 고립적이거나 자기중심적으로 보일 수 있어 사회적 적응이 어려울 수 있다. 또한, 지나친 자기 확신이 융통성 부족으로 이어지거나, 고집스럽게 보일 수 있다. 초월적 가치에 대한 집착이 비현실적인 신념이나 사고의 비약으로 이어질 위험이 있다.

요약: "나는 내 길을 간다. 영혼의 깊이와 진실이 기준이다." 이 유형은 내면 탐색과 독립적 사고에 중심을 둔 철학자형 인간이다. 자기 삶의 방향을 스스로 정하며, 깊이 있는 통찰을 통해 독창적인 세계를 펼칠 수 있다. 다만 사회적 관계 속에서 융통성과 공감 능력을 조금 더 키운다면, 그 고유한 통찰은 더 많은 이들과 공유되고 확장될 수 있다.

■ 27. L–H–H 유형: 의존적이지만 따뜻하고 헌신적인 이상주의자
→ SD(자기주도성): L(낮음), C(협동성): H(높음), ST(자기초월): H(높음)

전반적 특징: 이 유형은 낮은 자기 주도성과 높은 협동성, 자기 초월성을 지닌 사람으로, 전반적으로 따뜻하고 이타적인 성향이 있다. 스스로 삶을 주도하기보다는 타인의 기대나 요청에 기꺼이 응하며, 조화로운 관계 속에서 살아가려는 경향이 강하다. 동시에 인간의 본질, 영성, 보편적 사랑과 같은 초월적 가치에 깊은 관심이 있으며,

공동체 활동이나 봉사 같은 헌신적인 역할에 잘 어울린다.

강점: 공감 능력과 이타성이 뛰어나, 따뜻하고 신뢰감 있는 관계를 형성한다. 영적 감수성과 공동체 의식이 강해 봉사나 돌봄의 역할에 적합하다. 그리고 타인의 감정을 잘 헤아리고 배려하여, 집단 내 갈등을 줄이고 조화로운 분위기를 만들어낸다. 희생적 태도와 친절함으로 안정적인 대인관계를 유지한다.

주의점: 자기 주도성이 낮아 자율적인 선택이나 자기 삶의 방향 설정에 어려움을 겪을 수 있다. 타인의 기대에 지나치게 맞추려 하거나 희생적인 삶의 패턴이 반복되기 쉽다. 그리고 초월적 가치에 대한 맹목적인 집착이 현실 감각을 흐릴 수 있으며, 이상주의적 사고가 비현실적일 수 있다. 자기 감정을 억누르거나 자아 정체감이 약화되는 문제로 이어질 가능성도 있다.

요약: "세상을 더 따뜻하게 만들고 싶어요. 누군가를 위해 존재하는 삶이 저를 살게 해요." 이 유형은 깊은 공감력과 영적 감수성을 지닌 헌신적인 이상주의자로, 관계 속에서 따뜻함과 안정감을 전하는 사람이다. 다만 자기 삶의 주도권을 타인이나 이상에만 두지 않고, 조금씩 자기표현과 자율성을 키워나간다면 더욱 균형 잡히고 건강한 삶을 살 수 있다.

| 에필로그 |

나를 닮은 아이 vs. 나와 다른 아이, 부모의 눈으로 아이의 마음을 읽는 법

어느 날 문득, 아이를 바라보다가 이런 생각이 들 때가 있다. '이건 꼭 나를 닮았네' 또 어떤 날은 '어쩜 저렇게 나랑 다를 수가 있지?' 하는 감탄과 당혹이 교차하기도 한다. 우리는 아이를 통해 과거의 나를 만나고, 때론 나의 한계를 넘어선 가능성을 보며 놀라기도 한다. 아이를 키운다는 건, 단순히 한 사람을 키우는 일이 아니라 과거의 나와 미래의 아이가 동시에 성장하는 긴 여정이다.

기질과 성격, 감정과 행동, 반응과 관계의 패턴까지, 이 책에서 우리는 아이를 조금 더 깊이 이해하려 애써 보았다. '왜 저럴까?'라는 짐작 대신, '그럴 수 있겠구나'라는 공감으로, '어떻게 해야 하지?'라는 불안 대신, '함께 해보자'라는 신뢰로 아이를 바라보는 법을 배우고자 했다.

아이를 이해한다는 건, 사랑의 언어를 배우는 일이다. 단지 아이가 잘되길 바라는 마음이 아니라, 그 아이가 있는 그대로의 자기 모습으로도 사랑받을 수 있음을 느끼게 해주는 일이다. 그것이 아이에게 가장 큰 심리적 안전망이 된다.

또한 나와 다른 아이를 인정한다는 것은 내 안의 고정관념을 내려놓는 용기이기도 하다. 내가 걸어온 길, 내가 원했던 방식이 전부가 아님을 받아들이는 순간, 아이의 길은 더욱 넓고 자유로워질 수 있다. 그리고 그 자유는 부모가 아이에게 줄 수 있는 최고의 선물이다.

부모는 완벽할 수 없다. 하지만 이해하려는 태도, 마음을 읽으려는 노력, 기다릴 줄 아는 여유는 아이의 삶에 놀라운 변화를 만들어낸다. 이 책이, '나를 닮은 아이'에게 더 깊은 애정을, '나와 다른 아이'에게 더 넓은 존중을 전할 수 있도록 돕는 따뜻한 나침반이 되었기를 바란다. 아이의 마음을 읽는 여정에서, 당신이 늘 아이의 편이 되어줄 수 있기를 희망한다. 그리고 그 과정에서 당신 자신의 내면도 함께 따뜻해지기를 진심으로 응원한다.

부록

TCI 7가지 척도 요약표

척도	의미	점수가 높을 때	점수가 낮을 때	양육 시 이해 포인트
1. 자극 추구(NS)	새로운 자극을 찾고 도전하는 성향	활동적, 즉흥적, 변화 좋아함, 쉽게 싫증 냄	조용하고 신중함, 익숙한 것 선호, 변화에 예민	높은 아이는 규칙·안전 교육 필요, 낮은 아이는 변화 적응 훈련이 도움
2. 위험 회피(HA)	불안, 걱정, 위험에 대한 민감도	조심성 많고 걱정 많음, 실수 두려움	대범하고 낙천적, 실수에 크게 개의치 않음	높은 아이는 불안 다루는 법, 낮은 아이는 신중함 훈련 필요
3. 사회적 민감성(RD)	타인과의 관계에서 따뜻함, 의존성	공감 잘하고 인정 욕구 높음, 사람에 민감	독립적이고 감정 표현 적음	높은 아이는 관계 피로 주의, 낮은 아이는 감정 표현 훈련
4. 인내력(P)	반복과 인내, 끈기 있게 일하는 성향	참을성 있고 꾸준함, 목표에 집중	쉽게 포기하거나 산만함, 즉각 보상 추구	낮은 아이는 작은 성취 경험을 반복시켜 인내력 키우기
5. 자기 주도성(SD)	자신을 믿고 삶을 주도하는 힘	자율적, 책임감 강함, 스스로 결정함	의존적, 자기 결정 어려움, 혼자 일 추진 어려움	낮은 아이는 선택의 기회 늘려 자율성 키우기 필요
6. 협동성(C)	타인과 협력하고 조화를 이루려는 성향	배려 깊고 함께 일 잘함, 규범 잘 따름	고집 세고 타협 어려움, 경쟁심 강함	낮은 아이는 감정 조율 훈련 필요, 높은 아이는 자기표현 연습 필요
7. 자기 초월(ST)	삶의 의미나 가치에 민감하고 통합적으로 보는 능력	감수성 높고 직관적, 종교적·예술적 감각 풍부	현실적이고 실용적, 추상적 개념 어려움	높은 아이는 상상·창의적 활동 좋음, 낮은 아이는 구체적 설명과 훈련 중심

기질성격검사 활용팁

① 기질(자극추구(NS), 위험회피(HA), 보상의존(RD), 인내력(P))은 선천적인 뇌 반응 스타일이다. 즉, 아이의 본능적인 기질을 보여준다.

② 성격(자기 지향성(SD), 협동성(CO), 자기 초월성(ST))은 후천적 삶의 태도이다. 아이가 경험을 통해 발전시킬 수 있는 부분이다.

③ 높은 점수는 '좋다', 낮은 점수는 '나쁘다'가 아니다. 다만 아이가 어떤 환경에서 힘을 내고, 어떤 상황에서 힘들어하는지를 알려주는 단서다.

부모용 질문 리스트) – 나의 아이 이해하기

아래 문항은 '그렇다 / 보통이다 / 아니다'로 간단히 체크해 보세요. 결과는 아이의 기질을 평가하거나 진단하기 위한 것이 아니라, 양육 방향을 이해하기 위한 참고 도구다.

1. 자극추구(NS) – 아이는 새롭고 신나는 걸 좋아하나요?
☐ 아이는 늘 새로운 장난감이나 놀이를 찾고, 금방 싫증을 내는 편이다.

□ 위험한 행동을 겁 없이 시도할 때가 많다.
□ 매일 같은 일과보다, 그날그날 새로운 활동을 더 좋아한다.
□ 즉흥적으로 행동하거나 충동적으로 말할 때가 있다.
→ 자극추구가 높을수록, 모험적이고 창의적인 활동에 강점이 있지만, 규칙이나 인내심이 부족할 수 있어요.

2. 위험회피(HA) - 아이는 걱정이 많은 편인가요?

□ 낯선 환경이나 새로운 사람을 만나면 불안해한다.
□ 실수에 민감하며, 자주 '틀릴까 봐' 걱정한다.
□ 무서운 이야기나 장면에 쉽게 겁을 먹는다.
□ 낯선 일에 뛰어들기보다 관찰하고 기다리는 편이다.
→ 위험회피가 높을수록, 조심성 있고 신중하지만, 걱정이 많고 자신감이 약할 수 있어요.

3. 사회적 민감성(RD) - 사람들과 잘 어울리나요?

□ 다른 사람의 기분이나 눈치를 잘 알아챈다.
□ 칭찬받을 때 매우 기뻐하고, 비난에 크게 속상해한다.
□ 엄마나 선생님의 반응에 민감하게 반응한다.
□ 친구와 관계 맺는 걸 중요하게 여긴다.

→ 사회적 민감성이 높을수록, 공감력과 사회성이 뛰어나지만, 관계 스트레스를 잘 받을 수 있어요.

4. 인내력(P) – 아이는 꾸준히 버티는 힘이 있나요?
□ 반복되는 연습이나 지루한 활동도 참고 계속할 수 있다.
□ 목표를 정하면 끝까지 해보려 한다.
□ 실패해도 쉽게 포기하지 않는다.
□ 결과보다 과정을 중요하게 여기는 편이다.
→ 인내력이 높을수록, 학습과 장기 목표에 강하지만, 낮은 아이는 즉각적인 보상이 필요해요.

5. 자기 주도성(SD) – 스스로 해보려는 힘이 있나요?
□ "내가 할게!" "내 방식대로 하고 싶어"라는 말을 자주 한다.
□ 스스로 결정하려 하며, 책임도 지려 한다.
□ 실수해도 자기 판단에 따라 행동하려 한다.
□ 새로운 일을 시작할 때 주저하지 않고 도전한다.
→ 자기 주도성이 높을수록, 자율성과 독립성이 강하지만, 지나치면 고집처럼 보일 수 있어요.

6. 협동성(C) - 함께 하려는 마음이 있나요?

☐ 친구나 가족에게 배려심이 많고 잘 양보한다.
☐ 규칙이나 약속을 잘 지키는 편이다.
☐ 협력 활동에서 조화를 중요하게 여긴다.
☐ 남을 도우려는 마음이 강하다.

→ 협동성이 높을수록, 사회적인 조화 능력이 뛰어나지만, 때론 자기표현이 약할 수 있어요.

7. 자기초월(ST) - 감수성, 상상력, 의미에 관심이 있나요?

☐ 감성적인 이야기나 영화에 깊이 빠진다.
☐ 상상 놀이, 그림 그리기, 글쓰기 등을 즐긴다.
☐ 혼자만의 시간을 좋아하며, 철학적 질문을 하기도 한다.
☐ 현실보다는 꿈이나 이상적인 세상에 대한 관심이 많다.

→ 자기초월이 높을수록, 예술적·정신적 감수성이 풍부하지만, 현실 감각이 떨어질 수도 있어요.

부모가 스스로에게 던져볼 질문

- 나는 아이의 성향을 '교정'하려 하기보다 '이해'하려 하고 있나요?
- 나와 다른 아이의 모습에 불안해하거나 비교하진 않나요?

• 아이가 안전하게 자기다운 모습을 표현할 수 있는 환경을 주고 있나요?

이 질문지를 활용하면, 아이의 성격을 '판단'하거나 '고치기'보다는 아이의 본성과 기질을 인정하고 조율하는 출발점으로 삼을 수 있다.

기질/성격 조합별 유형별 양육 키워드 정리표

유 형	기질 특성	성격 특성	아이의 특징	양육 키워드
탐험형 리더	자극추구 높음 (NS↑), 위험 회피 낮음(HA↓)	자기 주도성 높음(SD↑)	모험심 강하고 에너지 넘침. 새로운 것에 도전 잘함	긍정적 리스크 허용, 실패를 경험하게 하기, 적절한 룰 설정과 자유의 균형
걱정 많은 완벽주의자	위험회피 높음 (HA↑), 인내력 높음(P↑)	자기 주도성 낮음(SD↓)	실수 두려워하고 걱정 많음. 과제엔 끈기 있음	불안 다독이기, 작은 성공 반복 경험, 완벽보다 과정 강조
따뜻한 조력자	사회적 민감성 높음(RD↑), 자극추구 낮음(NS↓)	협동성 높음 (C↑)	타인 배려 잘하고 공감력 높음. 외부 평가에 민감	감정 공감 칭찬, '넌 소중해'라는 말 자주 하기, 자기 표현 훈련
끈기 있는 조용한 노력가	자극추구 낮고 (NS↓), 인내력 높음(P↑)	자기 주도성 높음(SD↑)	외향적이지 않지만, 묵묵히 자기 일 해냄	과정 칭찬, 스스로 목표 설정하도록 돕기, 성실함 인정해주기

유형	기질 특성	성격 특성	행동 특징	양육 팁
감정 기복 큰 예민형	사회적 민감성 높음(RD↑), 위험 회피 높음(HA↑)	자기 주도성 낮음(SD↓)	기분 변화 심하고 타인 눈치 많이 봄. 자신감 부족	감정 이름 붙이기 훈련, 정서 안정 루틴 만들기, 거절보다 공감 먼저
창의적 예술가형	자극추구 높음(NS↑), 인내력 낮음(P↓)	자기초월 높음(ST↑)	감수성 풍부, 예술적 재능. 산만하지만 상상력 뛰어남	틀에 맞추기보다 확장해 주기, 자율적 탐색 존중, 창작 경험 자주 주기
생각 많은 철학자형	자극추구 낮고(NS↓), 자기 초월 높음(ST↑)	자기 주도성 높음(SD↑)	사색적이고 깊이 있는 이야기 좋아함. 고독 즐김	혼자만의 시간 존중, 깊은 대화 시도, 지적 호기심 자극
경쟁심 강한 성취형	자극추구 높음(NS↑), 인내력 높음(P↑)	자기 주도성 높음(SD↑)	목표 설정하고 달성 욕구 강함. 주도적이고 추진력 있음	성과만이 전부는 아님 알려주기, 과정과 관계도 중요함 교육, 휴식 훈련
순응적 착한 아이형	사회적 민감성 높음(RD↑), 위험 회피 높음(HA↑)	협동성 높음(C↑)	어른 말을 잘 듣고 말썽 피우지 않음. 자기표현 미숙	'싫어요' 말해도 괜찮다는 메시지, 자율 선택 기회 늘리기, 자존감 코칭
반항적 자율추구형	자극추구 높음(NS↑), 협동성 낮음(C↓)	자기 주도성 높음(SD↑)	간섭 싫어하고 통제받기 싫어함. 독립심 강함	권위적 방식 피하기, 협상식 규칙 설정, 의견 존중하며 책임 묻기

참고 설명

① **기질:** 선천적인 성향. 주로 감정 반응의 자동화된 스타일(뇌의 생물학적 기반)이다.

② **성격:** 후천적으로 형성되는 삶의 태도와 가치관. 학습과 경험을 통해 변화 가능하다.

③ **TCI의 기질 4요소:** 자극추구(NS), 위험회피(HA), 사회적 민감성(RD), 인내력(P)

④ **TCI의 성격 3요소:** 자기 주도성(SD), 협동성(CO), 자기초월(ST)

활용 팁

① 자녀가 어떤 유형에 가까운지 살펴보고, 부모 자신의 양육 방식도 함께 돌아본다.

② '이건 고쳐야 할 성격'이 아니라 '이렇게 접근하면 더 잘 자랄 수 있는 아이의 방식'으로 이해한다.

독자께 드리는 감사의 인사

이 책을 끝까지 읽어 주셔서 고맙습니다.
당신의 삶에는 이미 깊은 사랑과 배려가 있다는 것을,
이 여정을 통해 다시 한번 느낄 수 있을 것입니다.
바쁜 일상에서도 아이를 더 잘 이해하고자 시간을 내고,
스스로 양육 태도를 돌아보며,
때로는 마음 아픈 기억과 마주하고,
또 때로는 울컥하는 감정을 꾹 눌러가며 이 책을 읽어갈 독자분께
진심 어린 존경과 감사를 보냅니다.
당신이 보여준 그 마음 하나하나가 아이의 오늘을 바꾸고,
아이의 내일을 더욱 환하게 밝혀줄 것이라 믿습니다.
부디 이 책이,
당신과 자녀 사이를 조금 더 가까이 이어주는 다리가 되기를,
당신 스스로를 더 따뜻하게 안아주는 위로가 되기를 바랍니다.
오늘도, 당신은 충분히 좋은 부모입니다.
자녀와 함께 성장해 가는 당신의 길을 응원합니다.
감사합니다.

저자 드림

우리 아이 마음 지도,
TCI로 읽다

초판 1쇄 발행일 | 2025년 8월 20일

지은이 | 이안백
감수 | 한춘근
펴낸곳 | 메디마크
펴낸이 | 정기국
디자인 | 서용석
관리 | 안영미

주소 | 서울시 성동구 마조로 22-2, 한양대동문회관 413호
전화 | (02) 325-3691
팩스 | (02) 6442-3690
등록 | 제 303-2005-34호(2005.8.30)

ISBN | 979-11-993268-1-1 13180
값 | 16,000원

* 이 책은 저작권법에 따라 보호를 받는 저작물이므로 무단전재와 무단복제를 금하며, 이 책 내용의 전부 또는 일부를 이용하려면 반드시 저작권자와 메디마크의 서면동의를 받아야 합니다.
* 잘못된 책은 바꾸어 드립니다.